Schriften des deutschen Vereins

für

Armenpflege und Wohlthätigkeit.

Einunddreißigstes Heft.

Kayser und Jakstein, Die Gewährung von Wohnungsmiete als Art der Armenunterstützung.

Leipzig,
Verlag von Duncker & Humblot.
1897.

Die Gewährung von Wohnungsmiete als Art der Armenunterstützung.

Zwei Berichte
erstattet im Auftrage des Vereins

von

Beigeordneten Dr. Kayser und Stadtrat Jakstein
in Worms,   in Potsdam.

Leipzig,
Verlag von Duncker & Humblot.
1897.

Alle Rechte vorbehalten.

Die Gewährung von Wohnungsmiete als Art der Armenunterstützung.

Referat vom Beigeordneten Dr. Kayser-Worms.

§ 1. Einleitung.

Die Gewährung von Wohnungsmiete war mir bei Übernahme des Referates ein noch wenig vertrauter Gegenstand. Es zeigte sich aber bald, daß es sich nicht nur um eines der wichtigsten Gebiete der Armenpflege handle, sondern es entrollte sich bald eine Fülle von Fragen allgemeiner Art, die allerdings nur zum Teil hier Besprechung finden durfte. Es ist wohl eine unbestreitbare Thatsache, daß, obgleich der Bedürftige ein Viertel seines Einkommens, bisweilen sogar noch mehr, an Miete aufwenden muß, dennoch die Wohnung, das Heim der Familie, diejenige Stätte ist, wo ihm seine Armut am meisten fühlbar wird. Es ist aber auch der Ort, an welchem vorzugsweise die Mittel zur Heilung, zur geistigen, sittlichen und wirtschaftlichen Hebung anzuwenden sind. Es giebt daher keinen besseren Prüfstein für den Armenpfleger als den Versuch, ob er seinen Schutzbefohlenen aus eigenem Antrieb besucht und wie er hier seines Amtes waltet. Aber auch eine Armenverwaltung muß sich gefallen lassen, danach beurteilt zu werden, wie sie das Wohnungswesen der Bedürftigen auffaßt, und wie es ihr gelingt, jedem Armen eine auskömmliche Wohnung zu sichern.

Die Armenpflege, die sich rühmen darf, daß alles Wohl und Wehe der menschlichen Gesellschaft bei ihr nachhaltig fühlbar wird, erleidet die allergrößte Einbuße, wenn sie bei Beurteilung fremder Dinge ihre Laienhaftigkeit vergißt. Sie besitzt aber einen kostbaren Schatz in der Summe von Erfahrungen, die sich an jeder Stätte, wo es Arme giebt, angehäuft haben. Hiervon meinen Anteil zu heben, und um meiner Arbeit eine sichere, thatsächliche Grundlage zu verschaffen, habe ich folgende Fragen aufgestellt:

1. Wird bei Ihnen die offene Armenpflege nach einer den örtlichen Verhältnissen angepaßten Armenordnung geübt? Erfolgt vorzugsweise Natural-

oder vorzugsweise Geldunterstützung? Elberfelder System? Wie hoch war die Gesamtaufwendung an Natural=, wie hoch an Geldunterstützung im Jahre 1895/96?

2. Findet auf Grund eines Wohnungsgesetzes oder anderer Bestimmungen eine Untersuchung der kleinen Mietwohnungen zur Feststellung der gesundheitswidrigen Beschaffenheit oder der Überfüllung statt? Wurde infolge Schließung ungenügender Wohnungen die Armenpflege in Anspruch genommen?

3. Welches ist der durchschnittliche vierteljährliche Mietpreis für eine Arbeiterfamilie, welche bewohnt 1 Zimmer? 2 Zimmer? 3 Zimmer? Welches sind die üblichen Umzugstermine, Kündigungsfristen und Zahlungstermine? Vorauszahlung? Hinterlegung zur Sicherung des Vermieters?

4. Sind durch gemeinnützige Unternehmungen zur Verminderung der Wohnungsnot kleine Wohnungen beschafft worden, und wie viele Wohnungen etwa sind bis jetzt hergestellt?

5. Kann nach Lage der Gesetzgebung und Rechtsprechung der Vermieter ein Zurückbehaltungsrecht ausüben an solchen Gegenständen, welche nach § 715 der Civilprozeßordnung der Pfändung nicht unterworfen sind? Hat sich die in Preußen erfolgte Einschränkung dieses Zurückbehaltungsrechts in der Armenpflege erleichternd fühlbar gemacht?

6. Welche Einrichtungen sind seitens der Armenpflege getroffen, um während der Dauer der Unterstützung die Zahlung der Wohnungsmiete an den Vermieter sicher zu stellen? Wird regelmäßig davon Gebrauch gemacht?

7. Enthält die Armenunterstützung einen bestimmten Geldbetrag, der ausdrücklich zur Bestreitung der Wohnungsmiete zu verwenden ist (Mietunterstützung)? Wie hoch war die Gesamtaufwendung an Mietunterstützung im Jahre 1895/96?

8. Wird die Höhe der Mietunterstützung nach bestimmten Sätzen berechnet? Taxe? Welche Grundsätze sind maßgebend? Ist die Hinlänglichkeit der Mietunterstützung im allgemeinen erprobt?

9. Wie weit läßt sich das prozentuale Verhältnis der Mietunterstützung zur Gesamtunterstützung ermitteln? Wie ändert sich dieses Verhältnis je nach Größe der Familie?

10. Wie werden besondere Verhältnisse, die unabhängig von der Kopfzahl eine höhere Aufwendung für Wohnung erfordern, berücksichtigt, z. B. Raumbedarf für kränkliche Familienglieder, für Werkstätte, oder bessere Lage wegen der Arbeitsstelle, wegen Vermeidung von Treppen?

11. Wie wird der Unterschied zwischen der berechneten Mietunterstützung und dem vertragsmäßigen Mietpreis ausgeglichen, namentlich dann, wenn eine hohe Miete nicht zu umgehen war?

12. Wie wird verfahren, wenn der Unterstützte nicht ganz ohne Einkommen (teilweise hilfsbedürftig) ist? Wird die Unterstützung in allen Teilen verhältnismäßig gekürzt? Wird zuerst die Mietunterstützung oder zuerst die übrige Unterstützung gekürzt? Wie bei Naturalunterstützung? Wie bei Geldunterstützung?

13. Auf welche andere Weise sorgt die Armenbehörde für das Wohnungsbedürfnis der Unterstützten? durch Garantie (Bürgschaft)? durch Eintritt in

Die Gewährung von Wohnungsmiete als Art der Armenunterstützung. 3

den Vertrag (Verantwortlichkeit für die Räumung!)? Durch Überlassung von Wohnungen in eignen oder gemieteten Häusern?

14. Hat in letzter Zeit eine Aufnahme und statistische Bearbeitung der Wohnungsverhältnisse aller Unterstützten stattgefunden? Hatte dies Verbesserungen zur Folge? Sind die Wohnungsverhältnisse der Unterstützten ungünstiger als diejenigen der übrigen Bevölkerung von der niedersten Einkommenstufe? Wie verhält sich die Armenbehörde, wenn Unterstützte Schlafstellen vermieten?

15. Haben Vergleichungen stattgefunden zwischen den Mietunterstützungen und zwischen den Mietpreisen solcher Wohnungen, welche an sich nicht ungesund sind und für jedes Kind unter 10 Jahren 5 cbm, für jede andere Person 10 cbm Luftraum bieten? Mit welchem Ergebnis?

Dieser Fragebogen wurde an die Armenbehörden der 255 deutschen Orte von mehr als 15 000 Einwohnern versandt (Veröffentlichungen des Kaiserlichen Gesundheitsamtes 1897 Nr. 14 Seite 322).

Hierauf gingen bis zum 27. Mai von 140 Armenbehörden Beantwortungen ein, die größtenteils mit aller wünschenswerten Ausführlichkeit abgefaßt waren und von dem regen Interesse für die Bestrebungen unseres Vereins Zeugnis ablegten.

Nachstehend folgt nun eine Übersicht derjenigen Städte, von welchen Auskunft erteilt worden ist, deren Armenpflegeverhältnisse also bei der Bearbeitung berücksichtigt werden konnten. Die Übersicht enthält zugleich die wesentlichsten Angaben über die Unterstützungs- und Wohnverhältnisse der betreffenden Orte, so daß jederzeit auf dieselben zurückgegriffen werden kann.

Ort	Einwohner	Jahresausgabe in		Elberfelder System	Vierteljährlicher Mietpreis für			Zahlungstermin
		Geld ℳ	Naturalien ℳ		1 Zimmer ℳ	2 Zimmer ℳ	3 Zimmer ℳ	
Aachen	112 793	—	—	E.	23,40	33,48	45,30	m.
Altendorf	42 937	82 473	241	—	18,75	37,50	56,25	m.
Altenessen	24 758	17 549	—	E.	15	22,50—30	30—37,50	m.
Annaberg	15 047	14 932	—	—	20	32	50	m.
Ansbach	16 398	34 235	492	—	7,50—15	15—20	25—32	v.
Aschaffenburg . .	16 528	—	—	—	18	30	45	—
Aschersleben . .	24 610	24 530	790	—	—	—	—	—
Barmen	130 428	134 030	391	E.	15—22	30—45	44—62	v.
Bautzen	24 362	28 669	600	—	15—21	20—30	30—50	v.
Bernburg	33 657	80 393	4 000	—	12—15	15—22	22—40	v. m.
Bielefeld	49 832	33 135	2 500	E.	10	20	30	v.
Bocholt	17 299	20 751	337	—	6	20—24	25—27	v. m.
Bonn	46 046	48 061	9 108	E.	—	—	—	—
Borbeck	36 744	20 000	1 000	—	12	27—30	36—48	v. m.
Brandenburg . .	44 234	21 238	—	—	—	—	—	—

1*

Ort	Einwohner	Jahresausgabe in Geld ℳ	Jahresausgabe in Naturalien ℳ	Elberfelder System	Vierteljährlicher Mietpreis für 1 Zimmer ℳ	Vierteljährlicher Mietpreis für 2 Zimmer ℳ	Vierteljährlicher Mietpreis für 3 Zimmer ℳ	Zahlungstermin
Bremen	145 385	112 697	118 746	E.	24—30	36—45	60—75	m. v. h.
Bremerhaven	18 983	15 830	—	—	45	bis	65	v.
Brieg	21 484	16 880	16 633	E.	24—32	50	—	m. v.
Buer	17 602	4 000	—	—	12	18	27	—
Cannstatt	23 262	46 236	6 576	—	30—40	50—60	80—100	—
Charlottenburg	149 958	147 701	19 884	E.	12—15	19—22	25—30	m.
Cöthen	21 176	15 877	1 727	—	12—15	18—24	24—30	v.
Crimmitschau	23 707	—	—	—	18—25	30—39	39—50	—
Danzig	127 272	197 050	23 000	E.	30	60	90	—
Döbeln	16 352	13 408	1 118	—	30	40	50	m. v.
Dresden	351 195	426 000	44 000	E.	50	bis	75	m. v.
Duisburg	73 750	119 070	—	E.	20—25	40 bis	50	h.
Eisenach	25 278	19 948	10 375	E.	13,50	18	27	m.
Eberswalde	18 977	11 004	1 629	—	15	22,50	37,50	v.
Eisleben	22 772	24 540	1 350	—	15	25—30	28—50	v.
Elberfeld	143 593	191 718	15 910	E.	18,75	37,50	50	v.
Elbing	47 198	74 790	1 333	E.	22,50	35	55	m.
Erfurt	80 015	99 979	13 767	—	18—24	27—36	36—45	m.
Erlangen	21 948	—	—	E.	—	32—38	—	v.
Essen	101 644	—	—	E.	25	50	75	v.
Forst	26 358	40 000	1 792	—	15—22,50	45—72	66—90	v.
Frankfurt a. M.	238 975	—	—	E.	18—36	30—66	100—120	m.
Frankfurt a. O.	60 246	—	—	E.	15	bis	25	m. v.
Freiberg	29 391	23 900	850	E.	—	23	33	m.
Freiburg	54 451	—	—	E.	20—30	35—50	60—75	m. v.
Fürth	47 975	91 000	12 000	—	20—25	40—50	50—75	—
Gelsenkirchen	32 698	23 023	—	—	12—15	24—30	36—42	m.
Gera	44 793	20 870	4 800	—	40	75	100	v.
Giebichenstein	15 265	9 549	332	—	15	22,50	30	v. m.
Gießen	23 387	18 069	5 485	E.	18—30	30—35	40—50	—
Gnesen	21 249	41 943	—	—	20	35	62	m. v.
Görlitz	72 721	109 711	6 245	—	20	bis	35	v.
Gotha	32 473	20 093	7 321	E.	22,50	30	37,50	—
Göttingen	26 681	11 067	2 604	—	—	30	—	v. m.
Graudenz	25 463	48 373	1 689	—	18—22,50	30—45	60—90	m.
Greiz	22 978	11 500	1 803	—	25	38—50	50—75	v.
Grünberg i. Schl.	19 299	—	—	—	12	20	30	—
Guben	31 769	25 517	—	E.	14—20	20—40	40—70	v.
Hagenau	17 762	2 107	11 195	—	15	25	40	v.
Halberstadt	42 738	40 402	7 495	E.	15	21	35	v.
Halle	121 024	147 070	34 205	—	—	20—38	—	v.
Hanau	28 486	26 275	13 000	E.	24	45	60	m.
Hannover	220 644	84 091	10 340	—	—	—	—	—
Harburg	44 954	48 300	1 500	E.	20	30	35	m. v.
Heidelberg	36 282	45 795	—	—	12—15	30—38	—	m.
Hildesheim	40 717	20 274	6 030	E.	20—25	30—40	50—60	v.
Hirschberg	16 949	11 000	—	E.	9—15	18—30	27—45	m. v.

Die Gewährung von Wohnungsmiete als Art der Armenunterstützung. 5

Ort	Ein-wohner	Jahresausgabe in Geld ℳ	Jahresausgabe in Natu-ralien ℳ	Elberfelder System	Vierteljährlicher Mietpreis für 1 Zimmer ℳ	Vierteljährlicher Mietpreis für 2 Zimmer ℳ	Vierteljährlicher Mietpreis für 3 Zimmer ℳ	Zahlungstermin
Insterburg . . .	23 960	26 209	—	—	22,50	30	—	m.
Iserlohn	25 547	24 045	6 722	E.	18	34	50	m. v.
Kalk	16 216	18 045	—	—	9—18	27—39	45—54	m.
Kassel	84 689	58 955	17 564	E.	30—40	45—55	67,50—75	v.
Kempten	17 858	6 108	1 640	—	18—21	36	48	m.
Kiel	90 889	159 083	13 510	E.	24	bis	48	m.
Koblenz	40 388	179 924	10 355	—	18—24	30—45	45—54	m.
Köln	334 194	45 260	11 870	E.	18	bis	36	m.
Königsberg . . .	176 320	260 000	27 000	E.	30—40	50—60	80—100	m.
Köpenick	18 260	19 000	2 000	—	20	40	60	m. v.
Köslin	19 291	31 699	—	—	25	33	50	h.
Koburg	19 188	1 169	12 300	—	15	20	30	v.
Kottbus	38 835	54 953	882	E.	15	18—25	38	m. v.
Krefeld	107 837	248 421	18 495	E.	15	32,50	45	m. v.
Kreuznach . . .	19 724	20 516	1 642	—	15	20	30	m.
Landsberg a. W.	31 249	—	—	E.	20	30	45	—
Liegnitz	52 989	—	—	—	—	—	—	—
Linden	38 326	37 300	2 566	—	9—10	12—18	30—40	m. v.
Löbau	21 069	5 996	815	—	15	22,50	30	v.
Lübeck	71 864	19 573	17 023	—	—	—	—	v.
Lüdenscheid . . .	21 835	20 228	—	E.	15	30	45	—
Ludwigsburg . .	19 611	2 964	43	E.	20—25	25—40	40—50	v. m.
Ludwigshafen . .	41 884	24 421	12 996	E.	15—21	24—43	51—66	m.
Mainz	77 643	84 892	1 246	—	30	55	80	v.
Malstatt-Burbach	25 355	35 617	—	—	15—18	—	—	m.
Marburg	16 517	8 350	2 403	—	15	18—24	27—36	m.
Merane	23 274	12 443	1 555	E.	20	bis	30	m.
Memel	19 168	23 216	3 662	—	15	24	40—50	m.
Merseburg . . .	19 194	11 000	1 687	—	36	bis	60	v.
Mülheim a. d. R.	37 586	49 192	3 278	E.	15	20	30	m. v. h.
München	425 267	465 346	60 686	E.	25—55	35—85	55—125	m.
Naumburg . . .	21 649	25 991	—	—	12	bis	38	v.
Neumünster . . .	24 056	25 107	—	—	20	bis	40	v.
Neustadt a. H. .	16 710	38 503	736	—	12—15	20—22	25—38	v.
Neustadt O.-S. .	19 770	24 066	2 365	—	14	20	—	m.
Nordhausen . . .	40 963	—	—	E.	10	20	30	v.
Oberhausen . . .	31 707	36 744	914	E.	18	30	39	—
Ohligs	17 507	33 000	4 000	E.	9	18	27	m. v.
Oppeln	24 223	32 578	—	—	18	30	60	m. v.
Pirna	16 246	9 456	4 091	—	22,50	30	50	v.
Posen	74 382	96 184	6 551	—	9	19	32	m.
Potsdam	59 826	72 125	2 958	E.	18	30—40	—	v.
Prenzlau	22 224	21 943	2 290	—	20	30	60	m.
Quedlinburg . .	22 354	25 400	6 485	E.	15	20	30	—
Ratibor	21 979	50 269	—	—	18 bis	22	—	m.
Reichenbach i. S.	25 340	19 164	—	—	15—22	25—32	32—45	v.
Reutlingen . . .	20 227	—	—	—	20—25	30—38	50—60	v. m.

Ort	Einwohner	Jahresausgabe in Geld ℳ	Jahresausgabe in Naturalien ℳ	Elberfelder System	Vierteljährlicher Mietpreis für 1 Zimmer ℳ	Vierteljährlicher Mietpreis für 2 Zimmer ℳ	Vierteljährlicher Mietpreis für 3 Zimmer ℳ	Zahlungstermin
Rheydt	31 137	97 890	7 800	E.	12—15	20—25	30—35	m.
Rostock	51 655	87 072	—	E.	12,50	32	40	v.
Saarbrücken . .	18 117	300	7 500	—	18	30	45—54	m.
Sankt Johann .	18 275	27 830	555	E.	27	36	45—54	m.
Schalke	23 151	14 000	—	—	15	24	36—45	m.
Schweidnitz . . .	26 575	18 352	513	—	15	22	38	m. v.
Siegen	19 639	47 592	16 257	E.	22,50	37,50	45	m. v.
Soest	15 513	13 582	1 449	E.	9—12	18—24	27—36	m.
Spandau	59 158	6 000	—	—	—	—	—	—
Stargardt i. P.	26 852	20 293	—	—	22,50	35	—	v.
Stettin	148 481	197 650	—	E.	—	45—63	—	—
Stolp	25 157	—	—	E.	20	23	48	m. v.
Stralsund	30 821	36 409	3 689	E.	15	25	40	v.
Ueckendorf	17 052	29 665	—	—	15	30	39	v.
Viersen	22 983	43 773	10 083	—	15	22,50	30	m.
Wald	16 010	33 646	—	—	9—15	15—22	22—32	m.
Wandsbek	22 013	19 827	—	E.	25—35	35—50	75—90	v. m.
Wattenscheid . .	15 974	31 951	—	E.	13—15	26—30	39—45	m.
Weimar	27 343	4 942	4 366	—	15	22—25	38	v. m.
Weißenfels . . .	26 677	4 563	2 529	—	15	20	30	v. m.
Wesel	22 745	19 829	—	E.	12—15	24	30—36	m.
Wiesbaden . . .	77 130	89 526	18 272	—	25	50	68	v. m.
Wismar	18 132	13 900	2 170	E.	15	bis	30	—
Witten	29 548	36 176	7 455	—	18	28	35	m.
Wittenberg . . .	17 119	7 843	2 625	—	10	bis	25	v.
Wolfenbüttel . .	15 828	2 730	1 440	E.	15	22	30	v.
Worms	29 604	26 549	1 325	E.	14—15	25—30	36—42	v.
Wurzen	16 003	9 680	2 585	E.	18,75	25	30	v. m.
Zaborze	19 071	32 000	—	—	15	30	40	v. m.
Zerbst	17 236	18 600	2 229	—	18—20	25—30	—	v.
Zittau	29 000	30 610	26 895	E.	22,50	30	45	v.

Zur Vervollständigung wird folgendes bemerkt: Die Einwohnerzahl ist aus der angegebenen Nummer der Veröffentlichungen des kaiserlichen Gesundheitsamtes entnommen. Die Angaben über Geld- und Naturalunterstützung können Anspruch auf volle Genauigkeit nicht erheben, insbesondere deshalb, weil, wie nach einzelnen Jahresberichten anzunehmen, hie und da kleinere Posten, welche zur Geldunterstützung gehören, fortgeblieben sind; umgekehrt dürften in manchen Beträgen die Kosten der geschlossenen Armenpflege einbegriffen sein, wie dies für Koblenz ausdrücklich bemerkt worden ist. — In der Spalte „Elberfelder System" sind auch diejenigen Städte mit E bezeichnet, welche ein gemischtes Elberfelder System eingeführt haben. — Die Preisangaben der Mietwohnung für eine Arbeiterfamilie ergeben schon deshalb bedeutende Abweichungen, weil an jedem Ort das übliche und bei der

Durchschnittsberechnung in Betracht gezogene Zubehör ein verschiedenes ist. Einige auffallende Preisangaben haben mich zu nochmaligen Anfragen veranlaßt, deren Beantwortungen in dem nächsten Paragraphen mitzuteilen sind. — In der letzten Spalte ist abgekürzt angegeben, ob nach dem Ortsgebrauch bezw. der herrschenden Übung der Mietzins in monatlichen, vierteljährlichen oder gar halbjährlichen Zahlungsperioden zu entrichten ist. Wo mehrere Zahlungsweisen nebeneinander bestehen, ist dies in der Spalte entsprechend angedeutet.

Den Begriff der Gewährung von Wohnungsmiete glaubte ich möglichst weit fassen zu sollen, damit jede Form, in welcher von dem Unterstützten geschuldeter Mietzins auf dem Wege der Armenpflege entrichtet wird, getroffen ist („Mietzins" s. § 551 des Deutschen Bürgerlichen Gesetzbuches). Streng genommen würde hierher auch der Fall gehören, in welchem der Arme aus der zur Bestreitung seiner sämtlichen Bedürfnisse bewilligten Geldunterstützung selbständig den Mietzins entrichtet; dieser Fall scheidet jedoch als völlig unwesentlich hier aus. Es verbleiben nunmehr von der Gewährung der Wohnungsmiete noch die beiden Bestandteile, erstens: die Entrichtung des Mietzinses auf dem Wege der Armenpflege, zweitens: die Bewilligung eines bestimmten Geldbetrages zu diesem Zwecke, über welche Punkte unten in den §§ 4 bezw. 5—7 die Rede sein wird und zwar in dem letztgenannten Paragraphen unter dem Gesichtspunkt einer außerordentlichen Bewilligung.

Wenn in den §§ 2 und 3 die Wohnungs- und Mietverhältnisse einer besonderen Besprechung unterzogen sind, so glaubte ich, dies deshalb nicht unterlassen zu dürfen, weil nach meiner Auffassung die gegenwärtig herrschende Behandlung der gesamten Mietunterstützung vorzugsweise auf die schweren Mängel in den Wohnungs- und Mietverhältnissen zurückzuführen ist, an deren Beseitigung bereits mit einigem Erfolg gearbeitet ist.

§ 2. Die Wohnungsverhältnisse der Unterstützten.

Wie die Umfrage ergeben hat, sind statistische Aufnahmen der Wohnungsverhältnisse der Unterstützten sehr selten, obgleich die Armenbehörden in ihren Abhörbogen bereits die Anfänge einer statistischen Bearbeitung besitzen, und obgleich eine derartige Aufnahme auch bezüglich der übrigen unbemittelten Bevölkerung wertvolle Ergebnisse liefern kann[1].

Laut Umfrage sind derartige Aufnahmen nur zu nennen von

Aachen, ausgeführt im Jahre 1889/90.

Altenessen, gegenwärtig in Bearbeitung durch einen Wohlthätigkeitsverein.

Frankfurt a. M., ausgeführt 1887 für einen Bezirk der inneren Stadt durch den Distriktsvorsteher Adolf Baumann.

---

[1] Aus eigner Erfahrung kann ich von einer soeben in Angriff genommenen Aufnahme berichten, daß dieselbe, trotz zahlreicher Schwierigkeiten, auf alle Organe der Verwaltung sehr anregend wirkt und zweifellos Verbesserungen zur Folge haben wird.

Freiburg, ausgeführt 1893/94.

Gotha, bethätigt 1894 mit Untersuchung von 48 besonders geringen Armenwohnungen, wobei mehrere geschlossen wurden.

Worms, ausgeführt im Frühjahr 1892.

Zittau, ausgeführt 1894.

Der Wichtigkeit halber lasse ich die Berichte von Aachen und Worms im Auszuge folgen, ebenso den vom Distriktsvorsteher Baumann erstatteten Bericht, welcher nach Mitteilung des Armenamts Frankfurt a. M. auch heute insofern noch zutreffend ist, als die Verhältnisse sich nicht gebessert haben.

Aachen. Hinsichtlich der Wohnungsverhältnisse der Unterstützten sind im Berichtsjahre ebenfalls genauere statistische Beobachtungen angestellt worden. Deren Ergebnis bietet ein recht trauriges Bild, und kann nicht in Abrede gestellt werden, daß die Wohnungsfrage immer ernster und bringender wird und daß sie auch auf die Bemessung des Grades der Hilfsbedürftigkeit und die Höhe der Unterstützungen von wesentlichem Einflusse ist, da viele Armenpfleger die Höhe der zu zahlenden Miete mit in Rechnung zu ziehen suchen, obschon doch nur die in der Instruktion festgestellten Ausschlußsätze allein maßgebend sein dürfen.

Bei der nebenstehenden Zusammenstellung sind nur diejenigen Familien berücksichtigt worden, welche aus drei und mehr Personen bestehen, weil für diese die Wohnungsfrage sich am schwierigsten gestaltet.

Unter den pro 1889/90 Unterstützten befanden sich 900 solcher Familien. (Siehe Tabelle S. 9.)

Im Durchschnitt wurde demnach für jede aus 1 Zimmer bestehende Wohnung eine monatliche Miete von 7,80 Mk., für eine aus 2 Zimmern 11,16 Mk., für eine aus 3 Zimmern 15,10 Mk. gezahlt.

Frankfurt a. M. Wohnungen prüfte ich 105, bestehend aus 157 Wohnräumen. Von diesen waren 36 mit besonderer Küche (in einer kochte eine fremde Familie mit), in den übrigen Wohnungen mußte im Wohnraume gekocht werden.

Besonderen Abtritt hatten 8 Wohnungen.

Abtritte für alle auf derselben Etage wohnenden Familien dienend, waren bei 13 Wohnungen vorhanden.

Abtritte für sämtliche Einwohner des Hauses, entweder auf einem der Stockwerke, im Parterre oder auch im Hofe gelegen bei 84 Wohnungen.

Von den Zimmern waren: 105 in gerader kubischer Form, 46 nach einer oder mehreren Seiten abgeschrägt, 6 direkt unter dem Dache befindlich, also △.

Heizbar waren von den Wohnräumen 115, nicht heizbar 42.

Die Wohnungen liegen in allen Teilen der Häuser vom Parterre bis zum Dach und zwar: 9 Wohnungen im Parterre, 14 im 1. Stock, 18 im 2. Stock, 47 im 3. Stock, 14 im 4. Stock, 3 im Dach, es waren also 16,2 % der Wohnungen im 4. Stock und darüber.

64 Wohnungen bestehen aus 1 Wohnraume, 31 aus 2, 8 aus 3, 2 aus 4 Wohnräumen.

23 Wohnungen wurden bewohnt von je 1 Einwohner, 21 von je 2, 13 von je 3, 20 von je 4, 8 von je 5, 7 von je 6, 5 von je 7, 2 von je 8, 3 von je 9, 1 von je 10, 1 von je 12, 1 von je 13 Einwohnern.

Die Gewährung von Wohnungsmiete als Art der Armenunterstützung.

	3	4	5	6	7	8	9	10	11	12	13	14	15		Summa der Familien
Familien mit	144	138	136	134	136	111	58	29	12	1	—	1	—	Familien	900
Von diesen 900 Familien bewohnten 1 Zimmer und zwar Familien mit	83	86	72	59	52	39	6	3	2	—	—	—	—	Personen / Familien	402
Es bewohnten 2 Zimmer Familien mit	56	48	60	69	74	67	47	24	6	1	—	—	—	Personen / Familien	452
Es bewohnten 3 Zimmer Familien mit	5	4	4	6	10	5	5	2	4	—	—	1	—	Personen / Familien	46 = 900
An Miete wurde gezahlt pro Monat Mark . . .	4	5	6	7	8	9	10	11	12	13	14	15	20		
für 1 Zimmer von . . . Mark	18	39	72	65	77	59	27	17	16	3	8	1	—	Familien	402
für 2 Zimmer von . . . Mark	3	2	6	14	40	74	64	56	61	37	64	23	8	Familien	452
für 3 Zimmer von . . .	—	1	—	—	—	1	2	5	5	3	11	9	9	Familien	46

Der Durchschnitt pro Wohnung ist also 3,6 Einwohner
„ „ „ Wohnraum 2,4
bei einer vorhandenen Gesamtpersonenzahl von 377 Menschen.

Worms: Im Frühjahr (Mai-Juni) 1892 wurden bei 118 Unterstützten (85 Familien und 33 Einzelstehenden) die Wohnungsverhältnisse durch die Armenpfleger aufgenommen.

Das Ergebnis war folgendes: Von den Wohnungen lagen im Vorderhaus ebener Erde 18, im 1. Stock 25, im 2. Stock 5, im Giebelstock 26, unterm Dach 11; im Hinterhaus ebener Erde 11, im 1. Stock 14, im Giebelstock 2; im Nebenbau ebener Erde 4, im 1. Stock 2.

Von den Wohnungen waren trocken 103, feucht 15.

Die Zugänge zu den Wohnungen waren: hell und freundlich 111, unfreundlich und schlecht beleuchtet 7.

Von den Räumen waren: hell und luftig 107, das Gegenteil 11.

Die Wohnungen bestanden aus: 1 mit 3 Zimmer, Kammer, Küche, Keller und Speicher; 2 mit 3 Zimmer, Küche, Keller und Speicher; 1 mit 3 Zimmer und Keller; 3 mit 2 Zimmer, Kammer, Küche, Keller und Speicher; 12 mit 2 Zimmer, Küche, Keller und Speicher; 2 mit 2 Zimmer, Keller oder Speicher; 1 mit 2 Zimmer, Keller und Speicher; 2 mit 2 Zimmer, Kammer und Küche; 8 mit 2 Zimmer und Küche; 5 mit 2 Zimmer; 5 mit 1 Zimmer, Kammer, Küche, Keller und Speicher; 5 mit 1 Zimmer, Küche, Keller und Speicher; 3 mit 1 Zimmer, Kammer, Küche und Keller oder Speicher; 5 mit 1 Zimmer, Küche und Keller oder Speicher; 1 mit 1 Zimmer, Kammer und Keller; 8 mit 1 Zimmer, Keller und Speicher; 3 mit 1 Zimmer, Keller oder Speicher; 13 mit 1 Zimmer und Küche; 5 mit 1 Zimmer, Kammer und Küche; 15 mit 1 Zimmer und Kammer; 28 mit 1 Zimmer.

Die vierteljährliche Miete betrug im Durchschnitt: bei 5 Wohnungen für 1 Zimmer mit Kammer Mk. 15,42; bei 28 Wohnungen mit 1 Zimmer ohne Kammer Mk. 14,08; bei 5 Wohnungen für 1 Zimmer mit Küche und Kammer Mk. 28,14; bei 13 Wohnungen für 1 Zimmer mit Küche ohne Kammer Mk. 16,52; bei 3 Wohnungen für 1 Zimmer mit Kammer, Küche, Keller oder Speicher Mk. 27,66; bei 5 Wohnungen für 1 Zimmer mit Küche, Keller oder Speicher ohne Kammer Mk. 19.40; bei 8 Wohnungen für 1 Zimmer mit Keller und Speicher ohne Kammer Mk. 16,53; bei 1 Wohnung für 1 Zimmer mit Kammer und Keller Mk. 20.—; bei 3 Wohnungen für 1 Zimmer ohne Kammer mit Keller oder Speicher Mk. 13.—; bei 5 Wohnungen für 1 Zimmer mit Kammer, Küche, Keller und Speicher Mk. 28,10; bei 5 Wohnungen für 1 Zimmer mit Küche, Keller und Speicher ohne Kammer Mk. 19,50; bei 5 Wohnungen für 2 Zimmer Mk. 25,50; bei 2 Wohnungen für 2 Zimmer mit Kammer und Küche Mk. 27,50; bei 8 Wohnungen für 2 Zimmer mit Küche ohne Kammer Mk. 25,40; bei 2 Wohnungen für 2 Zimmer mit Küche, Keller oder Speicher Mk. 35,—; bei 1 Wohnung für 2 Zimmer mit Keller und Speicher Mk. 30,—; bei 3 Wohnungen für 2 Zimmer mit Küche, Keller, Speicher und Kammer Mk. 36,—; bei 12 Wohnungen für 2 Zimmer mit Küche, Keller, Speicher ohne Kammer Mk. 31,16; bei

Die Gewährung von Wohnungsmiete als Art der Armenunterstützung. 11

1 Wohnung für 3 Zimmer und Keller Mk. 40,—; bei 1 Wohnung für 3 Zimmer mit Küche, Keller, Speicher und Kammer Mk. 52,—; bei 2 Wohnungen für 3 Zimmer mit Küche, Keller und Speicher ohne Kammer Mk. 37,50.

In den Wohnungen befanden sich: 208 Personen über 14 Jahre, 162 Personen unter 14 Jahre; hierunter 2 Kostgänger, 13 Schläfer (Schlafstellen).

Die 118 Wohnungen haben zusammen 184 Zimmer und Kammern mit
a. einem Gesamtrauminhalt von 5298,5598 cbm, so daß durchschnittlich auf 1 Zimmer oder Kammer 28,796 cbm Rauminhalt kommen;
b. einer lichtgebenden Gesamtfläche von 230,19 qm, sonach durchschnittlich auf 1 Zimmer oder Kammer 1,25 qm lichtgebende Fläche;

Auf ein Zimmer oder Kammer entfallen durchschnittlich 2 Personen (eine Person über und eine unter 14 Jahren).

Zu 21 Wohnungen befanden sich die Aborte im Haus selbst und zu 97 in dem Hof; von den gesamten Aborten waren 112 in gutem und 6 in schlechtem Zustand.

Von den in Betracht kommenden Hofraiten waren zur Zeit der Aufnahme 70 kanalisiert.

Wasserleitung war bei 64 Wohnungen vorhanden, bei 14 waren Brunnen im Hofe, und bei 40 keine Wasserleitung und kein Brunnen.

Die Wohnungsverhältnisse der unterstützten Personen kann man sonach im allgemeinen und vielleicht nur abgesehen davon, daß von den aufgenommenen Wohnungen 12,8% durch die Armenpfleger als feucht bezeichnet worden sind, nicht als schlechte bezeichnen. Nach dem oben Angeführten kommen, wenn man Durchschnittsziffern aus den Aufnahmen bildet, auf je 2 Personen, eine über und eine unter 14 Jahren, über 28 cbm Wohnraum ohne Küche u. s. w., das entspricht einer Stube von etwas mehr als 3 m Breite, 3 m Länge und 3 m Höhe. Auf einen solchen Wohnraum kommen im Durchschnitt 1,25 qm lichtgebende Fläche. Nach den Grundsätzen, welche die XV. Versammlung des Deutschen Vereins für öffentliche Gesundheitspflege zu Straßburg (September 1889) aufgestellt hat, sollen „vermietete als Schlafräume benutzte Gelasse für jedes Kind unter 10 Jahren mindestens 5, für jede ältere Person mindestens 10 cbm Luftraum enthalten" und soll ferner in einem, zu längerem Aufenthalte von Menschen dienenden Raume die lichtgebende Gesamtfläche der Fenster mindestens $1/12$ der Grundfläche betragen. Beide Minimalmaße sind im Durchschnitt der hiesigen Armenwohnungen wesentlich überschritten. Von den Wohnungen sind 38% mit Keller, 40% mit Speicher, 88% mit Hofraum oder Garten versehen.

Während die Aufnahmen von Aachen und Worms die in den Wohnungen vorgenommenen Berufsarbeiten übergingen, ist in dem Baumannschen Berichte der Beruf des Familienhauptes angegeben und insbesondere mitgeteilt, daß in ihren Wohnräumen 1 Büglerin, 1 Stuhlflechterin, 1 Friseuse, 4 Schneider, 1 Schuhmacher und 1 Pflegerin kranker Tiere ihr Gewerbe ausübten. Daß höhere Anforderungen damit bezüglich des Flächen- und namentlich des Rauminhaltes zu stellen sind, liegt auf der Hand.

Da die Zahl der Unterstützten fortwährend sich vermindert und wieder ergänzt, so ist zunächst nicht anzunehmen, daß dieselben schlechter wohnen als diejenigen, welche nahezu genötigt sind, die Armenpflege in Anspruch zu nehmen. Es befinden sich aber unter den dauernd Unterstützten so viele einzelstehende Personen und kleine Familien, die in ihren Wohnungen reichlich Raum haben und dadurch auf die Durchschnittsziffer günstig einwirken. Außerdem wird eine kleinere Familie, die zugleich auf gewisse feststehende Einkünfte rechnen kann, unter ziemlich günstigen Verhältnissen mieten[1]. Ebenso ist, ausgenommen Naumburg, fast einstimmig von den Armenbehörden das Urteil abgegeben worden, daß die Wohnverhältnisse der Unterstützten nicht ungünstiger seien als die der ärmeren Bevölkerung überhaupt. Gotha sagt: „Es giebt zahlreiche Wohnungen von Nichtunterstützten, die nicht besser als die schlechtesten Armenwohnungen sind." In der genannten Baumannschen Schrift wird der Vergleich der Wohnungsverhältnisse mit den Worten abgeschlossen: Es stellt sich hierdurch ein Gegensatz der Armenwohnungen dar zu vielen Wohnungen nicht unterstützter Handwerker, die ich gleichzeitig kennen zu lernen Gelegenheit hatte und in welchen dieselben ihr Brot verdienen, trotzdem ihre Wohnräume weder an Lage, Größe oder Beleuchtung denen der Alumnen überlegen sind, wie sich überhaupt, ohne Widerspruch befürchten zu müssen, behaupten läßt, daß die Wohnungen der Armen durchaus nicht schlechter, oder, um sich eigentlich richtiger auszudrücken, die Wohnung des fleißigen, sich selbst ohne fremde Beihilfe ernährenden Arbeiters im Innern der Stadt durchaus nicht besser ist, als die desjenigen, der sich, sei es aus wirklicher Not, sei es aus Faulheit, Trunkenheit, oder sonst einem Grunde, auf die städtische Hilfe verläßt.

An diese Stelle gehören die in der Übersicht § 1 mitgeteilten Wohnungspreise, zu deren Ergänzung folgendes bemerkt wird:

Ansbach: Wir fügen bei, daß für eine im 2. Stock oder in einer Mansarde gelegene Arbeiterwohnung, bestehend aus Wohnzimmer (mit etwa 12—16 qm Bodenfläche), unheizbarer Kammer, Küche und Holzlager, wie sie eine mittelgroße gewöhnliche Arbeiterfamilie bedarf, 80—90 Mk. jährlich angelegt werden.

Bernburg: Der Mietzins von 15—22 Mk. (v.) bezieht sich auf ein Wohnzimmer mit Schlafraum während eine mittelgroße, gewöhnliche Arbeiterfamilie in der Regel einen Mietzins von 25—32 Mk. (v.) bezahlt.

Canstatt: Zu jeder Wohnung gehört noch ein Bühne- oder Souterrainraum zur Aufbewahrung von Holz und Kohlen, und zu den zwei- bis dreizimmrigen Wohnungen auch 1 Keller, 1 Küche und 1 Kammer. Eine mittelgroße Arbeiterfamilie bewohnt hier 2 Zimmer, 1 Küche, 1 Keller, 1 Kammer oder Souterrain und bezahlt hierfür 60 Mk. im Quartal.

Gera: Für 40 Mk. vierteljährlich erhält man hier eine Wohnung bestehend aus 1 Zimmer, d. i. Wohnzimmer mit Zubehör; unter letzterem

---

[1] So sagt denn auch Barmen: Die unterstützten Armen erhalten meistens leichter Wohnungen, als andere säumige Mietszahler.

versteht man: 1 Schlafstube, 1 Kammer, 1 Boden- und 1 Kellerraum, sowie Kochgelegenheit auf dem (gemeinschaftlichen?) Vorsaal. Sämtliche Räume sind kleineren Umfanges. Für 75 Mk. vierteljährlich erhält man 2 Zimmer, 1 Schlafstube, 1 Schlafkammer, 1 Küche, 1 Vorsaal, 1 Boden- und Kellerraum. Die Räume sind ebenfalls nicht groß, z. B. meist bis auf die Wohnzimmer einfensterig. Für 100 Mk. vierteljährlich erhält man 2 bis 3 Wohnzimmer mit Zubehör wie vorstehend.

Halberstadt: Als Zubehör ist eingerechnet 1 Bodenkammer, 1 Kellerverschlag und eine Kochvorrichtung — Kochherd auf dem Flur bezw. 1 Küche. — Eine mittelgroße, gewöhnliche Arbeiterfamilie wendet hier in der Regel jährlich 120 bis 135 Mk. Miete auf.

Köthen: Unter „Zubehör" einer Arbeitermietwohnung ist lediglich etwas Boden- oder Stallraum, auch beides zusammen zu verstehen; eine mittelgroße, gewöhnliche Arbeiterfamilie hat als jährliche Wohnungsmiete einen Betrag von 90 bis 100 Mk. aufzuwenden.

Krefeld giebt noch folgende jährliche Mietpreise an: 1 Dachkammer 60 Mk., 1 Etagenzimmer 90 Mk., 1 Zimmer und 1 Dachkammer 120 Mk., 2 Zimmer 150 Mk., 2 Zimmer und 1 Dachkammer 180 Mk.

Löbau: In der Regel besteht eine Wohnung für jährlich 60 Mk. nur aus einer Stube, eine Wohnung für 90 Mk. aus Stube und Schlafkammer nebst Bodenraum, eine Wohnung für 120 Mk. aus Wohnstube, Schlafkammer, Küche und Bodenraum. In der Regel wendet eine gewöhnliche Arbeiterfamilie einen Mietzins von jährlich 100 Mk. auf.

Lübeck hat im Anschluß an die Volkszählung 1895 für die ganze Stadt (einschließlich der Vorstädte) folgende Übersicht der durchschnittlichen Mietpreise aufgestellt:

Wohnungen mit		a. Wohnungen von Gesellen u. Gehilfen		b. Wohnungen v. gewöhnlichen Arbeitern		a. u. b. Arbeiterwohnungen zusammen	
		Mietpreis		Mietpreis		Mietpreis	
		jährlich ℳ	¼jährl. ℳ	jährlich ℳ	¼jährl. ℳ	jährlich ℳ	¼jährl. ℳ
1 heizbarem Zimmer	ohne Kammern	92	23	76	19	79	20
	mit =	136	34	121	30	126	32
	überhaupt	134	34	117	29	122	31
2 heizbaren Zimmern	ohne Kammern	146	37	125	31	135	34
	mit =	171	43	148	37	161	40
	überhaupt	166	42	142	36	154	39
3 heizbaren Zimmern	ohne K. Durchschn.	173	43	177	44	174	44
	mit = v. 24 Wohn.	195	49	178	45	187	47
	überhaupt Durchschn. v. 48 Wohn.	182	46	178	45	181	45

Neustadt a. H.: Eine mittelgroße gewöhnliche Arbeiterfamilie wendet an Mietzins 25—30 Mk. (v.) auf.

Schweidnitz: Für 15 Mk. wird eine Stube, für 22 Mk. Stube und Kammer, für 38 Mk. (v.) 2 Stuben mit Küche gewährt.

Wald: Eine mittelgroße Arbeiterfamilie zahlt 30 Mk. (v.)

In den meisten Städten ist eine ständige Überwachung der kleineren Mietwohnungen durch die Polizeibehörde bezw. Sanitätskommission eingerichtet, deren Einschreiten öfter die Schließung von Wohnungen zur Folge hatte, allerdings bisweilen mit der Wirkung, daß aus dieser Veranlassung die Armenverwaltung thätig werden mußte; so z. B. in Bocholt. In Fürth und in Ludwigshafen ist angeordnet, daß neu hergerichtete Wohnungen vor dem Bezug besichtigt werden.

Von Verordnungen über die Beaufsichtigung der Schlafstellen ist von verschiedenen Städten Mitteilung gemacht worden. In Altenessen wird das Kostgängerwesen, oder richtiger gesagt „Unwesen", welches auf die Armenpflege einen nicht geringen Einfluß habe, einer sehr scharfen Kontrolle unterworfen.

Es mögen nunmehr die Äußerungen einer Reihe von Städten über den vorhandenen Vorrat oder Mangel an Wohnungen aufgeführt werden.

Barmen: Wohnungsmangel ist hier nur sehr selten vorhanden gewesen.

Borbeck: Es ist hier eine so große Auswahl in den zur Verfügung stehenden Wohnungen vorhanden, daß es einer Mitwirkung der Armenverwaltung nur in den seltensten Fällen bedarf.

Bremen: Im allgemeinen sind die Wohnungsverhältnisse hier günstig.

Cannstatt: Die Wohnungen sind, infolge der vielen Fabriken, hier sehr gesucht und rar; daher auch die teueren Mietspreise.

Charlottenburg: Ein Bedürfnis zu Mietsunterstützungen und besonderer Fürsorge für die Gewährung von Obdach besteht hier deshalb nicht, weil in den letzten Jahren zahlreiche Neubauten mit im allgemeinen zweckmäßig eingerichteten und gesunden Arbeiterwohnungen in den Hinterhäusern entstanden sind.

Elbing: Gute, gesunde Wohnungen sind reichlich vorhanden.

Freiberg: Kein Mangel an kleinen Wohnungen.

Fürth: Seit etwa Jahresfrist herrscht Mangel an kleinen Wohnungen.

Giebichenstein: Die Wohnungsverhältnisse an und für sich sind durchaus gute.

Gotha: Der besonders in den letzten Jahren hervorgetretene Mangel an kleinen Wohnungen zu angemessenem Mietpreis belastet unserer Überzeugung nach die Armenpflege.

Graudenz: Mangel an Wohnungen hat sich in letzter Zeit nicht bemerkbar gemacht; so ist Obdachlosigkeit selten eingetreten.

Hirschberg: Wohnungsverhältnisse nicht ungünstig.

Kassel: Wohnungsnot ist dahier noch nicht konstatiert worden, indessen sind die Wohnungsverhältnisse der ärmeren Familien recht ungünstige, obgleich in den letzten Jahren durch gemeinnützige Unternehmungen schon viel zur Verbesserung gethan worden ist. Es werden Räume zum Wohnen benutzt, die in

Bezug auf Lage, Raumverhältnisse und bauliche Beschaffenheit nicht dazu geeignet sind.

Kiel: Die Wohnungsverhältnisse liegen hier insofern nicht ungünstig, da circa 60 bis 75 % aller Häuser in den letzten 50 Jahren neu erbaut sind.

Ludwigshafen: Die Beschaffung kleiner Wohnungen ist ein stark hervortretendes Bedürfnis.

Naumburg: Es sind hier ausreichend gesunde Wohnungen vorhanden und die Verhältnisse bei der niedrigen Ziffer der Arbeiterbevölkerung günstig.

Neumünster: Hier ist ausreichende Wohnungsgelegenheit vorhanden, so daß es einer besonderen Vorsorge für Befriedigung des Wohnungsbedürfnisses nicht bedarf.

Neustadt O.-Sch.: Wohnungsnot besteht hier nicht.

Rostock: Durch die private Bauthätigkeit sind in den letzten 10 Jahren überreichliche und durchweg gute Arbeiterwohnungen geschaffen.

Saarbrücken: Es wurde in den letzten Jahren eine Reihe schmutziger, ungesunder Wohnhäuser seitens der Stadt angekauft und beseitigt.

Spandau: Wohnungsnot besteht hier nicht.

Stolp: Die Wohnungsverhältnisse bei kleineren Leuten, also auch bei den Unterstützten, sind zum größten Teil miserabel.

Weißenfels: Im allgemeinen haben wir, dank der Lage, nicht sehr über ungesunde Wohnungen zu klagen.

Durch gemeinnützige Unternehmungen sind in folgenden Städten kleinere Wohnungen hergestellt: Aachen, Barmen, Bielefeld, Borbeck, Bremen, Cannstatt, Danzig, Dresden, Duisburg, Eberswalde, Elberfeld, Essen, Frankfurt a. M., Frankfurt a. O., Freiburg, Gießen, Göttingen, Gotha, Graudenz, Hanau, Hannover, Hildesheim, Iserlohn, Koburg, Königsberg, Köthen, Kottbus, Kreuznach, Landsberg a. W., Lübeck, Lüdenscheid, Mainz, Malstatt-Burbach, München, Naumburg, Potsdam, Quedlinburg, Reutlingen, Rheydt, Saarbrücken, Siegen, Stettin, Stolp, Stralsund, Weimar, Wolfenbüttel.

In den vom „gemeinnützigen Bauverein" Landsberg errichteten Häusern befinden sich 65 Wohnungen im Mietpreise von Mk. 1,—, Mk. 1,10, Mk. 1,30, Mk. 2,10, welcher wöchentlich vorauszahlbar ist.

Ein Geschäftsbericht von Freiburg aus dem Jahre 1885 klagte lebhaft über den Mangel an kleinen Wohnungen. Nachdem inzwischen die Stadtgemeinde selbst in größerem Umfang Wohnungen gebaut hat, sind die Verhältnisse in dem Bericht von 1894 als wesentlich günstiger bezeichnet.

§ 3. Die Mietverhältnisse.

Wenn man nach den Gründen forscht, welche eine besondere Fürsorge für die Bezahlung der Wohnungsmiete herbeigeführt haben, so wird wohl unter den ersten das gemeinrechtliche und in fast alle Partikularrechte übergegangene unbeschränkte Zurückbehaltungsrecht des Vermieters zu nennen sein. Der arme Mann, an welchem dieses Recht rücksichtslos ausgeübt wurde, verursachte natürlich der Armenverwaltung sehr erhebliche Kosten, weil sie Möbel anschaffen und für neue Wohnung sorgen mußte und nun mit einem Menschen zu thun hatte, dessen Ehrgefühl schwer verletzt, und dessen Kredit jetzt ganz und gar verloren war. Wollte aber die Armenverwaltung nicht die äußerste Not abwarten, so konnten Mieter und Vermieter sie zur Deckung eines jeden Mietrückstandes nötigen, wie dies allerdings in großem Umfang der Fall gewesen sein muß, wenn die heutige Anwendung der außerordentlichen Mietunterstützung erklärlich sein soll. Nachdem nun das Zurückbehaltungsrecht in den größeren Bundesstaaten durch die Gesetzgebung eingeschränkt und im übrigen vielfach durch die Rechtsprechung in die durch § 715 der Civilprozeßordnung gezogenen Grenzen gewiesen und wegen seiner Härte und der pekuniären Erfolglosigkeit seiner Durchführung außer Gebrauch gekommen ist, und nachdem endlich das bürgerliche Gesetzbuch in § 559 letztem Satz ausgesprochen hat:

Das Pfandrecht des Vermieters erstreckt sich nicht auf die der Pfändung nicht unterworfenen Sachen,

sind die Armenbehörden nicht mehr in dem früheren Maße vorwiegend finanziell an den Wohnungsverhältnissen der Unbemittelten beteiligt und dürfen die Wohnungsfrage, soweit dieselbe von ihnen zu lösen ist, von höheren und ausgiebigeren Gesichtspunkten betrachten.

Auf die Frage in meinem Rundschreiben, ob die in einer Reihe von Bundesstaaten erfolgte Einschränkung des Zurückbehaltungsrechtes sich für die Armenverwaltung erleichternd fühlbar gemacht habe, sind mir viele Antworten mit Ja und Nein und mit der Bemerkung zugekommen, daß eine Wirkung bis jetzt nur im geringen Maße wahrzunehmen gewesen sei. Ich glaube, daß dies überhaupt der Fall gewesen ist, lasse aber die wenigen Antworten, welche auf die Frage ausführlicher eingegangen sind, hiermit folgen.

Altendorf: Durch die Einschränkung des Zurückbehaltungsrechtes ist die Armenverwaltung insoweit entlastet, als Beträge für rückständige Miete nur dann gezahlt werden, wenn durch die Zahlung einer zweifellos eintretenden Obdachlosigkeit vorgebeugt werden kann.

Frankfurt a. M.: Die Einschränkung des Retentionsrechts hat die Wohnungsverhältnisse in keiner Weise verschlechtert, die Arbeit der Armenpfleger aber vielfach erleichtert, die leichtsinnige, im Hinblick auf die Hilfe des Armenamts erfolgende Kreditierung des Mietzinses erschwert und die früher sehr häufigen Härten, die mit Retention der Wäsche, Kinderkleidern u. s. w. verbunden waren, beseitigt.

Guben: Die der Pfändung nicht unterworfenen Sachen werden vom Vermieter nach wie vor einbehalten und die armen Leute sind deshalb gezwungen, sich die Freigabe ihrer Habseligkeiten erst im Prozeßwege zu erstreiten.

Kassel: Das Gesetz hat sich für die Armenpflege erleichternd fühlbar gemacht. Fälle, wo arme Familien wegen Nichtzahlung der Miete ohne Hab und Gut von dem Hauswirt auf die Straße gesetzt wurden, kommen nicht mehr vor, auch die Zahl der Obdachlosen hat sich gegen früher verringert. Ein Teil der Hausbesitzer hatte in den Mietverträgen die Bestimmung, daß im Falle Nichtzahlens der Miete dem Vermieter das Recht zustehe, ohne vorheriges, gerichtliches Verfahren die sofortige Aussetzung vorzunehmen. Hiervon wurde auch sehr oft Gebrauch gemacht, und die Armenverwaltung dadurch gezwungen, den Haushalt der Hilfsbedürftigen einzulösen. Das hat sich seit dem Gesetz vom 12. Juni 1894 geändert.

Königsberg: Die durch das Preußische Gesetz von 1894 bewirkte Einschränkung des Zurückbehaltungsrechts hat vorläufig nicht erleichternd, sondern belastend auf die Armenpflege eingewirkt. Die Hauswirte stunden die fällige Miete nur selten und bestehen meistens auf sofortiger Exmission. Dieser Umstand in Verbindung mit der eingetretenen Knappheit der kleinen Wohnungen hat die Armenverwaltung mehrfach zur Beschaffung von größeren Unterkunftsräumen veranlaßt.

Lüdenscheid: Die Einschränkung des Zurückbehaltungsrechts hat sich eher erschwerend als erleichternd fühlbar gemacht, und zwar insofern als es jetzt den ärmeren Familien viel schwerer wird, eine geeignete Wohnung zu erlangen und deshalb die Armenverwaltung gegen früher häufiger in Anspruch genommen wird bei Obdachlosigkeit. Die Hauseigentümer befürchten aber, für einen eventuellen Mietausfall keine hinreichende Deckung mehr zu haben.

Potsdam: Die Einwirkung des preußischen Gesetzes vom 12. Juni 1894 ist als eine günstige zu betrachten, da die Hauswirte seitdem geringeren Mietskredit geben.

Siegen: Mitunter wird Vorauszahlung verlangt, namentlich seit Aufhebung des Zurückbehaltungsrechtes der Vermieter.

Stargard: Die Einschränkung des Zurückbehaltungsrechtes hat im Gegenteil die Armenpflege belastet, weil hierdurch die Fälle der Obdachlosigkeit sich häufen.

Stralsund: Der Einfluß der für das Zurückbehaltungsrecht erfolgten Einschränkung hat sich im Gegenteil in der Armenpflege *erschwerend* fühlbar gemacht, da Hilfsbedürftige viel schwerer Wohnung finden können als bisher und daher die Zahl der obdachlosen Familien zugenommen hat — wenigstens zur Zeit der Umzugstermine.

Wie die Rundfrage ergeben, hat der Gedanke, daß die Mietzahlungsperioden mit den Lohnzahlungsperioden in Einklang zu bringen seien, daß dem Unbemittelten eine geordnete Hauswirtschaft in der Regel nur dann möglich sei, wenn er wöchentlich oder höchstens zweiwöchentlich die laufende Mietschuldigkeit entrichte, noch keine greifbare Gestalt gewonnen. Nach den Beantwortungen schließen sich regelmäßig die Zahlungstermine an die Umzugstermine an. Dieser Zusammenhang scheint mir aber nur ein äußerlicher zu sein, während die Ausbildung der langen Zahlungsperioden richtiger auf den Willen und die Bequemlichkeit der Hausbesitzer zurückzuführen sein dürfte. Es ist angenehmer, weniger häufig den Mietzins zu fordern und zu verrechnen und dabei die Beschwerden des Mieters anzuhören, wenn die die ganze Summe durch das Retentionsrecht gesichert ist. Es ist auch angenehmer, den Mietzins nicht in so kleinen Beträgen zu empfangen, die mit gefährlicher Leichtigkeit in der Haushaltung verschwinden können, während eine größere Summe zeitweise zu Schuldentilgungen oder Spareinlagen Verwendung finden kann, insbesondere in vielen Fällen jedes Vierteljahr zur Deckung der Hypothekenzinsen außerordentlich passend ist. So hat denn der Standpunkt des Vermieters über das für den Mieter Praktische und über das auch aus allgemeinem Gesichtspunkte Wünschenswerte den Sieg davongetragen, und wir stehen vor einer Einrichtung, bei deren Entwicklung nur der leichtsinnige Teil der Mieter zum Worte gekommen zu sein scheint.

Wie die Übersicht in § 1 ergiebt, sind die vierteljährlichen und monatlichen Zahlungstermine durchaus die häufigsten, ja es sind sogar halbjährliche Termine noch in Gebrauch. Über die Einführung kürzerer Zahlungsperioden ist leider nur weniges zu melden. Vierzehntägige Zahlung kommt in Kempten vor, nur in Fürth und Quedlinburg wurde die wöchentliche Zahlung als häufig vorkommende bezeichnet. In Barmen, Gießen und Königsberg kommt sie zuweilen vor und zwar in der letzteren Stadt nur bei unsicheren Zahlern. In Hildesheim ist sie bei armen Mietern gebräuchlich. In Hanau sind die Armenpfleger angewiesen, die Vermieter auf die Vorteile der wöchentlichen Zahlung aufmerksam zu machen. In Lüdenscheid ist vorgeschrieben: Sofern die Armenkasse die Miete unmittelbar an den Vermieter zahlt, ist es Pflicht des Armenpflegers, den Armen dazu anzuhalten, daß er die Miete rechtzeitig, nötigenfalls in einigen Teilzahlungen entrichtet.

Es wäre zweifellos eine fesselnde Aufgabe, die Bedeutung des Kredites für die Armenpflege wissenschaftlich zu untersuchen. In mittleren und kleineren Städten und auf dem Lande, wo der Einzelne eher erwarten darf, in seinen persönlichen Eigenschaften von der Allgemeinheit gekannt und gewürdigt zu werden, bewirkt der Kredit, den der Unbemittelte als Käufer von Lebensmitteln, Kleidern u. s. w. und als Mieter unter Umständen findet, zweifellos eine erhebliche Entlastung der Armenkasse. Insoweit dieses Verhältnis mit dem wirtschaftlichen Zusammenbruch des Schuldners oder mit der Entlarvung eines leichtsinnigen, arbeitsscheuen Schuldenmachers endigt, wäre dies ein neuer Beitrag für die Bestrebungen um eine strenge Reform des Kreditwesens in Deutschland. Insoweit aber der Schuldner seinen Verpflichtungen nachkommt und damit beweist, daß er der behördlichen Hilfe nicht bedarf, und daß sein gegebenes Wort gilt, ist der moralische Gewinn wertvoller als die Leistung der besten Armenpflege.

Daß aber die Mietverhältnisse zur Zeit gewiß nicht auf eine Erweiterung des Kredits hindrängen, beweist das Verzeichnis der folgenden Städte, in welchen Vorauszahlung des Mietzinses, zuweilen sogar für längere Perioden, gebräuchlich ist. Dieselbe findet statt in:

Bautzen (teilweise), Bernburg (in der Regel), Borbeck (teilweise), Bremen (monatlich), Buer (etwa 25 %), Charlottenburg, Danzig (in der Regel), Dresden, Eisenach, Elbing, Erfurt, Frankfurt a. O. (in vielen Fällen), Gelsenkirchen, Giebichenstein, Gnesen, Hanau (in jüngster Zeit wahrgenommen), Hildesheim (vielfach), Insterburg, Lübeck (in der Regel vierteljährlich), München (sehr häufig), Pirna (vielfach), Posen, Schalke, Schweidnitz (teilweise), Stargard, Uckendorf, Wattenscheid (meistens), Witten (bei Unbemittelten).

Außerdem liegen folgende Äußerungen vor:

Brandenburg: Vorauszahlung war bisher nicht üblich, bürgert sich aber jetzt nach Beschränkung des Zurückbehaltungsrechts des Vermieters ein.

Erfurt: In letzter Zeit bürgert sich die Vorausbezahlung der Miete ein.

Giebichenstein: Vorauszahlung wird bei kleinen Wohnungen in letzter Zeit durchweg verlangt.

Iserlohn: In vielen Fällen wird aus der Armenkasse die Miete für den ersten Monat beansprucht. Die Beseitigung des Zurückbehaltungsrechts ist daher ohne Belang.

Mainz: Die in der Liste des Schutzverbandes Bezeichneten erhalten in der Regel eine Wohnung nur gegen wöchentliche Vorausbezahlung.

Potsdam: Das Preußische Gesetz vom 12. Juni 1894 hat mehr und mehr die Hauseigentümer veranlaßt, Vorausbezahlung der Miete zu fordern.

Siegen: Mitunter wird Vorauszahlung verlangt, namentlich seit Aufhebung des Zurückbehaltungsrechts.

Um längere Zeit einen erheblichen Teil des Einkommens regelmäßig zurückzulegen, dazu bedarf es bei einem kaum ausreichenden Verdienste eines ungewöhnlichen Maßes von Selbstbeherrschung und Ordnungsliebe. Zur Erleichterung dieser schweren Aufgabe haben sich an verschiedenen Orten Mietzinssparkassen gebildet, über welche folgende Äußerungen vorliegen:

In Königsberg besteht eine Mietzinssparkasse, die jedoch, da eine städtische Sparkasse und Pfennigsparkasse bestehen, nur wenig Zuspruch findet.

Siegen: Den Mietern ist durch Einrichtung der Mietzinssparkasse Gelegenheit geboten, ihre Miete volle 14 Tage im voraus einzuzahlen und durch die Mietzinssparkasse auszahlen zu lassen. Die Mieter gelangen dadurch in Genuß von Prämien, die in den Jahren 1891—96 1225,70 Mk. betragen haben.

An dieser Stelle kann ich mir die Bemerkung nicht versagen, daß Verschiebungen in der gegenseitigen rechtlichen Stellung zweier Kontrahenten nur von untergeordnetem Werte sind, solange die wirtschaftliche Lage die alte bleibt. Auch ich begrüße die Einschränkung der Rechte, welche dem Vermieter an den eingebrachten Sachen des Mieters zustanden, mit Freuden, weil damit eine veraltete, grausame Einrichtung beseitigt worden ist. Aber die Lage des kleinen Mieters im allgemeinen konnte davon noch keine Besserung verspüren, weil der Vermieter wirtschaftlich stark genug war oder ist, sich für die geringe Einbuße an Sicherheit in anderer Weise schadlos zu halten, wie obige Äußerungen über die Wirkungen der Einschränkung des Retentionsrechts ergeben haben.

Ähnliches möchte von der Forderung gelten, daß die Räumungsurteile dem Mieter eine dreitägige Frist festsetzen sollten. Hätte das bürgerliche Gesetzbuch oder die Civilprozeßordnung eine Räumungsfrist bestimmt oder in das Ermessen des Richters gestellt, so wäre zweifellos für einzelne Fälle, namentlich bei einem kaum voraussehbaren Ausfall des Richterspruches, ein Nutzen geschaffen, die Vermieter würden aber damit veranlaßt, künftig auf raschere Durchführung der Klage zu bringen und bei neuen Verträgen sich in anderer Beziehung eine günstigere Stellung zu sichern. Die Absichten des Gesetzgebers können durch Vereinbarungen vereitelt werden, das Gesetz kann dafür Verträge bestimmter Klassen verbieten, es kann aber schließlich dem Hausbesitzer nicht befehlen, mit jemandem Miete abzuschließen, der ihm nicht gefällt.

Endlich möchte ich auch das Verhältnis der Armenbehörden in milderem Lichte betrachten, als es vielleicht von den Verwaltungen geschieht, die uns mitteilen: Infolge der sogenannten schwarzen Listen des Hausbesitzervereins sieht sich die Armenpflege in letzter Zeit öfters in der Lage, für exmittierte Familien Wohnung zu beschaffen, da die Hausbesitzer denselben durchgängig keine Wohnung mehr überlassen wollen. Oder: Vorausbezahlung will der Hausbesitzerverein mit dem 1. Oktober einführen.

2*

Ich glaube, daß wir in dem Bestreben, die langen Zahlungsperioden abzukürzen, auf die Mitwirkung der meisten Hausbesitzervereine rechnen können, wenn auch die Vorauszahlung nicht damit eingeführt werden soll. Die Forderung der Vereine, daß schlechten Zahlern keine Wohnung mehr vermietet werden soll, ist ebenfalls in der Hauptsache in Verbindung mit der Armenverwaltung durchführbar. Man wird den Einfluß gewinnen, in Fällen unverschuldeten Mietrückstandes den Verein zur Rücknahme oder doch Milderung der Bekanntgabe zu veranlassen, wogegen dem schuldig Befundenen allerdings nur das Armenhaus übrig bleibt. Der Erfolg wird sein, daß in den beteiligten Kreisen, insoweit wirklich strenges Einschreiten angezeigt ist, eine größere Sorgfalt auf die Erfüllung der Mietsverbindlichkeiten gelegt wird. Zugleich wird die Armenverwaltung, vermöge ihrer sonstigen Beziehungen zu den Vereinen, über manchen Fall bevorstehender Verarmung frühzeitig unterrichtet werden und ihrerseits in der Lage sein, Wünschen hinsichtlich der Armenwohnungen leichter Geltung zu verschaffen.

Sehr nachahmenswert erscheint mir das Vorgehen der Armenverwaltung Mainz, welche im Einvernehmen mit dem Hausbesitzerverein zur Einführung der wöchentlichen Mietzahlung öffentlich auffordert. Die Bekanntmachung lautet, unter Weglassung der einleitenden Worte:

„Es ist die Einrichtung getroffen worden, daß unter Wegfall der seither üblichen Quartalsmietunterstützungen nur noch Wochenunterstützungen zur Auszahlung gelangen, die jedoch den erforderlichen Aufwand für Miete in sich begreifen.

„Nach unseren Erfahrungen liegt diese Einrichtung nicht nur im Interesse der Vermieter, sondern auch der betreffenden Mietsleute, denen dadurch die Mietzahlung wesentlich erleichtert wird. Sie ist aber auch für die städtische Armenpflege insofern von Wert, als diese von eingetretenen Notlagen der betreffenden Mieter rechtzeitig Kenntnis erhält.

„Wir fordern daher die Beteiligten zur Einführung dieser wöchentlichen Mietzahlung hiermit auf unter dem Anfügen, daß die öffentliche Armenpflege rückständige Mietbeträge nicht übernehmen darf, daß aber die Herren Armenpfleger, soweit öffentlich Unterstützte in Betracht kommen, gerne bereit sind, die betreffenden Vermieter zwecks Erhebung der wöchentlichen Mietbeträge zu unterstützen und auch — jedoch nur im äußersten Falle — berechtigt sind, die entsprechenden Mietbeträge an der Wochenunterstützung einzuhalten.

Nähere Auskuft erteilt der Schutzverband Mainzer Hauseigentümer, sowie das städtische Armenamt."

§ 4. Die Entrichtung des Mietzinses.

Bei Abfassung des Fragebogens glaubte ich die Frage, ob regelmäßig Wohnungsmiete gewährt wird, damit mir kein Zweig der Fürsorge entgehen könne, in der umfassenden Form stellen zu sollen:

Welche Einrichtungen sind seitens der Armenpflege getroffen, um während der Dauer der Unterstützung die Zahlung der Wohnungsmiete an den Vermieter sicher zu stellen? Wird regelmäßig davon Gebrauch gemacht?

Die Antworten geben ein Bild von der Beurteilung des Gegenstandes und namentlich von der Verschiedenheit der Anschauungen über den Wert der wirtschaftlichen Selbständigkeit der Armen. Ich führe deshalb die Antworten, soweit sie nicht einfach verneinend waren, durchgängig im Wortlaut an.

Aachen: Den Armenpflegern ist gestattet, einen Teil der Barwochen=unterstützung für die Deckung der laufenden Miete zurückzubehalten, um den Unterstützten die Wohnung zu sichern. Nur selten machen die Armenpfleger von dieser Befugnis Gebrauch:

Altendorf: Auf Antrag wird den Vermietern die Mietsunterstützung direkt gezahlt. Es geschieht hier zur Zeit in einem Falle.

Altenessen: In einigen Fällen wird die Mietsunterstützung, welche vierteljährlich zur Auszahlung gelangt, an die Vermieter gezahlt.

Ansbach: In vereinzelten Fällen wird die Unterstützung direkt an den Vermieter bezahlt. Die meisten Unterstützten erhalten nur einen Miet= zinsbeitrag.

Aschaffenburg: Die Wohnungsmiete wird vom Unterstützten an den Vermieter prompt bezahlt. Es haben sich in dieser Hinsicht Anstände nicht ergeben.

Barmen: Auch für Wohnungsmiete werden keine Extraunterstützungen gewährt. Die Armenpfleger sind jedoch zur Vermeidung der Übelstände, welche aus der völligen Gleichgültigkeit einzelner Familien in betreff der Erhaltung der Wohnung und Zahlung der Miete entstehen, berechtigt, für die in fortlaufender Unterstützung stehenden Familien einen entsprechenden Teil der Wochengabe zur Zahlung der Wohnungsmiete zu verwenden.

Bernburg: Der Mietszuschuß wird regelmäßig dem Vermieter gezahlt.

Bielefeld: Die Armenpfleger zahlen unmittelbar an den Vermieter.

Bocholt: In der Regel wird die Wohnungsmiete direkt dem Vermieter von der Stadt bezahlt.

Borbeck: Nur bei unsicheren Personen wird die Miete direkt an den Hausherrn gezahlt.

Bremen: Nur in ganz vereinzelten Fällen zahlt die Armenpflege die als Unterstützung bewilligte Miete direkt an den Vermieter.

Bremerhaven: Es wird nach Lage eines jeden einzelnen Falles gehandhabt.

Brieg: Die Armendirektion hält darauf, daß die Unterstützten ihren diesbezüglichen Pflichten nachkommen.

Cannstatt: In den meisten Fällen wird die Miete von der Armen= pflege an den Vermieter direkt bezahlt.

Crimmitschau: § 50 Abs. 2 der Armenordnung. Wenn die Aus= händigung des baren Almosens an einen Armen bedenklich erscheint, so kann das Almosen vom Pfleger ganz oder teilweise zurückbehalten und zur Bezahlung des Mietzinses oder sonst in geeigneter Weise für den Armen verwendet werden.

Danzig: Bei unzuverlässigen Armen wird die Miete häufig vom Armenkommissionsvorsteher direkt an den Vermieter gezahlt.

Döbeln: Nur in ganz vereinzelten Fällen erhebt der Vermieter im Einverständnis mit dem Almosenempfänger dessen Almosen zur Deckung des Mietzinses direkt aus der Armenkasse.

Duisburg: Nur in einzelnen Fällen wird ein Teil der Armen=
unterstützung durch den Armenpfleger einbehalten.

Eberswalde: Die Armenverwaltung überläßt es den Wirten, sich
die Miete zu sichern, ausgenommen diejenigen Fälle, in welchen die Woh=
nung für Rechnung der Verwaltung angemietet wurde.

Eisenach: Die als Mietsbeitrag gewährte Unterstützung wurde bisher
den Unterstützten selbst ausbezahlt. Da sich jedoch diese Bestimmung nicht
bewährt hat, so ist seit dem 1. Mai 1896 die Verfügung getroffen, daß
die hier eingeführten Coupons, die zur Erhebung der Mietsunterstützung
berechtigen, nur noch an die Vermieter selbst durch die Armenpfleger gegeben
werden.

Eisleben: Die Mietsunterstützungen werden direkt zu Handen der
Hauswirte gezahlt.

Elberfeld: Den Armenpflegern ist empfohlen, mit Zustimmung der
Unterstützten einen Teil der Unterstützung für Miete zurückzubehalten.

Elbing: In gewissen Fällen zahlt der Armenvorsteher direkt an den
Vermieter und zieht die Miete von der Unterstützung ab. Dies geschieht
insbesondere bei leichtsinnigen, dem Trunke ergebenen Almosenempfängern.

Essen: Meistens zeigen die Unterstützten die Quittung über gezahlte
Miete den Armenpflegern vor. In einzelnen wenigen Fällen zahlen die
Armenpfleger die Miete direkt.

Erfurt: Dem Armenpfleger ist gestattet, einen Teil der Wochenunter=
stützung für die Deckung der laufenden Miete zurückzubehalten.

Erlangen: Wenn Anlaß vorhanden ist, werden die Mietsbeiträge
direkt an den Vermieter bezahlt.

Frankfurt a. O.: Die seitens der Armenverwaltung bewilligten
Mietsunterstützungen werden durch die Armenkommission gegen Quittung
des Vermieters gezahlt. Dieses von Hause aus hier eingeführte Verfahren
hat sich durchaus bewährt.

Frankfurt a. M.: Vielfach halten die Pfleger die Unterstützung
ganz oder teilweise zurück, um die Wohnungsmiete sicher zu stellen.

Freiberg: Ausnahmsweise wird an Stelle einer entsprechenden, baren
Wochenunterstützung die Zahlung der Miete übernommen. Auch kann nach
Beschluß der Distriktsversammlung bei Personen, die dauernd im Rückstand
sind, die Miete aus der Wochenunterstützung gezahlt werden. Bei Übernahme
von Mietzinszahlungen auf die Armenkasse wird dies dem Vermieter mit
dem Bemerken mitgeteilt, daß die Armenverwaltung sich die Einstellung der
Zahlungen ohne Kündigung jederzeit vorbehält, auch für demnächstige Räu=
mung keine Verpflichtung übernimmt.

Freiburg: Ist Zweifel vorhanden, ob der zu Unterstützende den be=
willigten Mietzinsbetrag, sofern ihm solcher ausgehändigt wird, auch bezahlt,
so wird derselbe direkt an den Vermieter ausgefolgt.

Gelsenkirchen: Die Zahlung von Wohnungsmieten findet nur in
Ausnahmefällen, und dann an den Hauswirt statt.

Gera: Wird in jedem Einzelfalle besonders behandelt.

Gießen: Die Wohnungsmiete wird in den weitaus meisten Fällen
dem Vermieter direkt bezahlt.

Göttingen: Nur bei unzuverlässigen Zahlern wird die Mietunterstützung direkt an den Vermieter gezahlt.

Görlitz: In vereinzelten Fällen wurde der Hauszins an den Vermieter direkt bezahlt.

Gotha: Die Zahlung der Mietunterstützung wird mehrfach vom Armenpfleger an den Vermieter geleistet; dies soll überall geschehen, wo Zweifel bestehen, ob der Unterstützte es selbst thun würde.

Graudenz: Bei Unterstützten, die nicht regelmäßig ihre Miete zahlen, wird diese vorab von der Unterstützung abgezogen und direkt an den Vermieter gezahlt.

Halberstadt: Die Zahlung der aus der Armenkasse bewilligten Mietsunterstützung erfolgt direkt an den Hauswirt.

Halle: In einzelnen Fällen wird eine Mietsbürgschaft seitens der Armenpflege übernommen, insbesondere bei unzuverlässigen Personen.

Hanau: Die Armenpfleger sind verpflichtet, die Wohnungsmiete an den Vermieter zu zahlen.

Harburg: Den Armenpflegern bleibt es überlassen, einen Teil der laufenden Unterstützung zur Sicherung der Wohnungsmiete zurückzubehalten, falls Mieter mit der Miete zu sehr in Rückstand gerät.

Heidelberg: Die Miete wird in der Regel vom Hauseigentümer bei dem betreffenden Armenpfleger in Empfang genommen.

Hildesheim: Der Armenpfleger hält nach seinem Ermessen in geeigneten Fällen einen Teil des Geldes zur Deckung der Miete zurück.

Iserlohn: § 21 der Armenordnung. Die Bezirksversammlung beschließt, in welcher Art die Unterstützung erfolgen soll, und welche besonderen Bedingungen (z. B. direkte Zahlung der Miete an den Hauswirt durch den Armenpfleger) etwa zu stellen sind.

Kalk: Der Vermieter kann den dem Unterstützten als Mietsunterstützung gewährten Betrag direkt beim Armenvorsteher erheben. Von dieser Einrichtung wird selten Gebrauch gemacht.

Kempten: In wenigen Fällen leistet die Armenpflege direkte Zahlung an den Mietsherrn.

Kiel: Die Armenpfleger sind angewiesen, die Mietsunterstützung an den Vermieter zu zahlen, ohne daß dadurch der Armenverwaltung die Verpflichtung den Vermietern gegenüber erwächst.

Koblenz: Wo zu befürchten steht, daß die Geldunterstützung unrichtig verwendet und namentlich keine Miete gezahlt wird, erfolgt die Zahlung der Unterstützung zu Händen des Armenpflegers.

Koburg: Die Zahlung erfolgt in der Regel an den Vermieter.

Köln: § 26 Abs. 3 der Geschäftsanweisung. Es ist zugelassen, aus den zur Auszahlung gelangenden Geldspenden soviel einzuhalten, daß die Miete gedeckt werden kann; dies jedoch auch nur bei nachweisbarer Unzuverlässigkeit der Armen, und ohne daß eine Verbindlichkeit dem Vermieter gegenüber übernommen werden darf.

Köthen: Ein großer Teil der Unterstützungsempfänger hebt das wöchentliche Geldalmosen vierteljährlich ab und verwendet es zur Zahlung der Wohnungsmiete.

Kottbus: Es wird darauf gehalten, daß die Unterstützung auch zur Deckung der Miete verwendet wird.

Krefeld: § 34 der Dienstanweisung. Mietsunterstützungen können zur Vermeidung von Obdachlosigkeit bis zum Schlusse des Vierteljahrs zurückbehalten und müssen in diesem Fall an die Vermieter ausgezahlt werden. Die Mietsunterstützungen müssen zurückbehalten werden, wenn eine Befürchtung vorliegt, daß der Unterstützte das Geld zu anderen Zwecken verwenden werde.

Kreuznach: Die Miete wird an den Vermieter gezahlt, falls nicht bei besonders zuverlässigen Armen die Gewähr vorhanden ist, daß diese sich mit dem Vermieter verständigen.

Landsberg a. W.: Die sogenannte Mietsunterstützung soll direkt an den Vermieter durch den Armenpfleger ausgezahlt werden.

Lüdenscheid: Die Miete wird dem Vermieter in der Regel durch mündliche Erklärung des betreffenden Armenpflegers sicher gestellt.

Ludwigsburg: In allen Fällen, bei welchen eine mißbräuchliche Verwendung der verwilligten Mietsunterstützung seitens des Unterstützten zu befürchten ist, findet direkte Auszahlung der Mietsunterstützung an den Vermieter statt.

Ludwigshafen: In der Regel wird die Hausmiete zur Zahlung an den Hausbesitzer angewiesen.

Mainz: Die Armenpfleger sind berechtigt, für die in fortlaufender Unterstützung stehenden Familien einen entsprechenden Teil der Wochengabe zur Zahlung der Wohnungsmiete zu verwenden.

Malstatt-Burbach: Die Zahlung von Miete erfolgt nur bei Unterbringung von Obdachlosen und wenn zu erwarten steht, daß die Unterstützten ihrer Pflicht zur Zahlung der Miete nicht nachkommen.

Marburg: Die bewilligte Miete wird direkt an den Vermieter gezahlt.

Meerane: Mit Zustimmung des Mieters wird die Miete aus der Unterstützung direkt an den Vermieter gezahlt.

Memel: Nur in einzelnen Fällen ist die Wohnungsmiete direkt an den Vermieter gezahlt worden.

Mülheim a. d. Ruhr: Für diejenigen Personen, welche voraussichtlich die Miete an den Vermieter nicht bezahlen, geschieht dies durch die Armenpflege.

München: Es wird in gewissen Fällen durch den Distriktsarmenpfleger direkt der Mietzins an den Vermieter übergeben, nämlich wenn dem Unterstützten zuzutrauen ist, daß er die Unterstützung nicht zu dem bestimmten Zweck verwendet.

Neustadt a. d. H.: Die Wohnungsmiete wird in allen Fällen an den Vermieter direkt ausbezahlt; die einfachste und beste Sicherstellung.

Nordhausen: In Fällen, in welchen der Unterstützte ganz besonders unzuverlässig ist, erfolgt Kürzung der Unterstützung durch den Bezirksvorsteher, sowie Abführung der einbehaltenen Unterstützungsteile durch letzteren als Miete oder Mietsbeitrag an den Hauswirt.

Oberhausen: Die Zahlung erfolgt an den Vermieter.

Ohligs: Bei unzuverlässigen Personen wird die Miete durch die Armenverwaltung an den Vermieter direkt gezahlt.

Potsdam: Die Armenpfleger sind angewiesen, bei wirtschaftlich unzuverlässigen Unterstützten bei Zahlung der Unterstützung sich die Mietsquittung vorlegen zu lassen.

Prenzlau: Die hier gezahlten Geldunterstützungen werden fast durchweg zur Zahlung der Miete verwendet.

Quedlinburg: Die Mietsbeihilfen werden je nach Lage des Falles von den Armenpflegern teils an den Vermieter, teils auch an den Unterstützten gezahlt.

Reutlingen: Die Unterstützungen zwecks Zahlung der Wohnungsmiete werden ausnahmslos an den Vermieter bezahlt.

Rostock: Bei Gewährung von Wochenunterstützungen werden in fast allen Fällen auch Mietsbeihilfen gewährt, und diese von den Armenpflegern regelmäßig direkt an den Vermieter ausgehändigt.

Saarbrücken: Die Wohnungsmiete wird an den Vermieter auf die Dauer der Unterstützung direkt durch die Armenpflegerin gezahlt.

Sankt Johann: Teilweise wird die gewährte Unterstützung zur Deckung der Hausmiete an den Vermieter gezahlt, meistens in den Fällen, wo bekannt ist, daß die Unterstützten selbst die Zahlung nicht leisten.

Schalke: In der Regel wird die Wohnungsmiete an den Vermieter gezahlt.

Siegen: Die Bezirksvorsteher und Armenpfleger haben Weisung, die Miete nur an den Vermieter zu zahlen. Außerdem ist darüber zu wachen, daß kein Unterstützter mit dem von ihm selbst zu zahlenden Mietrest in Rückstand bleibt, widrigenfalls von der etwa sonst gewährten Unterstützung soviel abgehalten wird, um damit zunächst die rückständige Miete decken zu können.

Stargard: In einzelnen Fällen werden die zur Zahlung der Miete bewilligten Beträge zu Händen der Vermieter gezahlt, während regelmäßig die Zahlung zu Händen der Unterstützten erfolgt.

Stolp: Bei drohender Ausweisung wird eventuell an den Vermieter die Miete direkt durch den Pfleger unter der Bedingung gezahlt, daß die Familie weiter wohnen bleiben kann.

Stralsund: Die Armenpfleger zahlen die Miete grundsätzlich unmittelbar an den Hauswirt.

Viersen: Die von der Armenverwaltung bewilligte Miete wird meistens an den Vermieter unmittelbar ausgezahlt.

Wald: Die Zahlung der Mieten erfolgt seitens der Armenpfleger an die Vermieter.

Wattenscheid: In den Fällen, wo Wohnungsmiete gezahlt wird, besorgen gewöhnlich die Bezirksarmenpfleger die Auszahlung an den Vermieter.

Weißenfels: Eine direkte Zahlung an die Wirte hat viele Nachteile gehabt, so daß diese aufgegeben ist.

Wesel: Wo es erforderlich erscheint, zahlt der Bezirksvorsteher die Miete aus der Unterstützung.

Wiesbaden: Die Zahlung der Mietsbeihilfen erfolgt in allen Fällen gegen Anerkenntnis der Unterstützten direkt an die Vermieter.

Wismar: Gewöhnlich wird auch die Mietsunterstützung an die Unterstützten selbst geleistet.

Witten: Mietsunterstützungen werden durch Vermittelung der Bezirksvorsteher an die Vermieter gezahlt.

Worms: Der Armenpfleger soll sich bei den Besuchen vergewissern, ob die Unterstützten den Mietzins allwöchentlich bezahlen. Nur wenn es nicht zu ermöglichen ist, daß dies freiwillig geschieht, ist der entsprechende Betrag der Unterstützung für den Vermieter einzuhalten.

Wurzen: Zuweilen ist es vorgekommen, daß die Armenbehörde den Zins an den Vermieter zahlte, wenn es sich darum handelte, obdachlos Gewordenen Unterkunft zu verschaffen.

Zaborze: Wirte holen häufig Mieten selbst ab.

Zerbst: In besonderen Fällen wird die Mietsunterstützung an den Vermieter gezahlt.

Zittau: Mit Zustimmung des betr. Unterstützten wird entweder der ganze oder ein entsprechender Teil der gewährten, baren Spende vom Armenpfleger zurückbehalten und an den Hauswirt als Miete abgeführt. Wird nicht stark benützt.

Aus den Verhandlungen des Vereins vom Jahre 1894 habe ich mit Interesse entnommen, daß in Berlin eine weitverbreitete Volksmeinung in der Gewährung von Mietunterstützung bezw. in der unmittelbaren Bezahlung des Mietzinses durch den Armenpfleger eine ungerechtfertigte Begünstigung der Hauswirte erblickt. Die lokale Armenpflege wird mit einer derartigen Anschauung rechnen müssen, wenn sie auch deren Unhaltbarkeit hundertmal dargethan zu haben glaubt. Die Bewilligung besonderer Mittel zur Bestreitung eines hervorragend wichtigen Bedürfnisses und die notwendigen Vorkehrungen zur Erreichung dieses Zweckes wird man ebenso wenig verwerflich finden können, wie man einem Vater eine Begünstigung von Fechtmeistern, Hauswirten und Restaurateuren nachsagen wollte, weil er seinen Sohn zur Hochschule ziehen lasse.

Allerdings sind derartige Volksmeinungen wohl nie zufällig und enthalten in der Regel einen richtigen Kern. Auch ich könnte einer mißgünstigen Stimmung gegen die Zahlung des Mietzinses unmittelbar an den Vermieter ihre Berechtigung nicht versagen, so lange nicht in durchaus genügender Weise das Interesse des Unterstützten bei diesem Verfahren sichergestellt ist. Ob dies der Fall ist, müßte wohl in folgenden drei Beziehungen geprüft werden:

1. Ist die unmittelbare Entrichtung des Mietzinses unter allen Umständen zulässig?

2. Wer entscheidet, wenn dieselbe an bestimmte Voraussetzungen geknüpft ist, über deren Vorhandensein?

3. Ist die Verwaltung bestrebt, bei den Vermietern als Gegenleistung für die gesicherte Zahlung günstigere Bedingungen für den Unterstützten zu erwirken?

Zur ersten Frage sind die Meinungen sehr geteilt. Die obige Übersicht ergiebt eine ununterbrochene Kette der verschiedensten Ansichten von der unbedingten Empfehlung der unmittelbaren Zahlung bis zu ihrer strengsten Verwerfung. Diejenigen Armenbehörden, welche stets durch ihre Organe den Mietzins an den Hauswirt gelangen lassen, haben die Zweckmäßigkeit dieses Verfahrens nicht besonders begründet, und ich darf vielleicht die Vermutung wagen, daß vorzugsweise die Vereinfachung des Geschäftsbetriebes die ausnahmslose Befolgung dieses Grundsatzes veranlaßt hat. Mir scheint aber die Erhaltung und unter Umständen die Entwicklung der wirtschaftlichen Selbständigkeit des Unterstützten von so großer Bedeutung zu sein, daß keine Armenverwaltung ihr naturgemäß hierauf zu richtendes Augenmerk durch geschäftliche Schwierigkeiten sollte ablenken lassen. Völlig alleinstehende Unterstützte sind selten und haben schon wegen der Mitwirkung der geschlossenen Armenpflege in der Mietfrage wenig Bedeutung. Die große Zahl der Unterstützten bilden die des Ernährers beraubten Familien, bei welchen in der Regel nach einigen Jahren die Thätigkeit der Armenpflege aufhören kann. Soll nun in solchen Familien die Armenunterstützung nicht geradezu erblich werden, so muß den Kindern ein gewisses Maß von wirtschaftlichem Sinn anerzogen sein. Diese Ausbildung gelingt aber weder in der Schule noch in einer geschlossenen Anstalt, sondern nur durch die langjährige Wirkung des Beispiels.

Mir scheint daher die unmittelbare Zahlung des Mietzinses erst dann empfehlenswert zu sein, wenn der Unterstützte mehr als eine Woche bezw. mehr als eine Almosenzahlungsperiode ohne die erforderliche Zahlung bezw. Rücklage hat vorübergehen lassen, und wenn es der Aufsicht und Ermahnung des Armenpflegers nicht gelungen ist, auf freiwilligem Wege die Nachholung herbeizuführen. Die einmalige Übergehung einer kurzen Zahlungsperiode dürfte schon darum unbedenklich sein, weil auch sonstige Bedürfnisse des Unterstützten, z. B. Anschaffung eines Anzuges, eine größere Ausgabe verursachen, als aus dem Einkommen dieser Zahlungsperiode bestritten werden kann.

Zur zweiten Frage dürfte wohl anzunehmen sein, daß in den meisten Fällen der Armenpfleger diejenige Stelle ist, welche — zuweilen sogar ohne an genaue Vorschriften gebunden zu sein — darüber entscheidet, ob er den für die Miete bestimmten Betrag an den Unterstützten oder an den Vermieter auszahlt. Soweit in dieser Hinsicht Auskunft erfolgt ist, kann folgendes angegeben werden: die Entscheidung ist dem Armenpfleger überlassen in Aachen, Barmen, Crimmitschau, Erfurt, Frankfurt a. M., Harburg, Hildesheim, Lüdenscheid, Mainz, Wattenscheid, Worms.

In Elberfeld, Meerane und Zittau ist der Armenpfleger mit seiner Anordnung an die Zustimmung des Unterstützten gebunden.

Andere Armenbehörden, z. B. Wald, geben dem Armenpfleger das Recht, in ihm geeignet scheinenden Fällen statt des baren Geldes nicht bloß Mietzahlung, sondern überhaupt Naturalunterstützung zu gewähren.

Dagegen ist in Danzig, Freiberg, Iserlohn, München, Nordhausen, Ohligs, Wesel und Wurzen die Entscheidung über die Mietzahlung dem Armenpfleger entzogen und anderen Organen (Bezirksversammlung, Bezirks=

vorsteher u. s. w.) übertragen. Die Dienstanweisung von Iserlohn enthält die Bestimmung: die Bezirksversammlung beschließt, in welcher Art die Unterstützung erfolgen soll und welche besonderen Bedingungen (z. B. direkte Zahlung der Miete an den Hauswirt durch den Armenpfleger) etwa zu stellen sind.

Ich möchte mich dahin aussprechen, daß man dem Armenpfleger diese Entscheidung nicht oder bei Gefahr im Verzug nur unter der Bedingung übertragen sollte, daß er die Zustimmung des Bezirksvorstehers eingeholt hat. Um von anderen Gründen, welche an manchen Orten vorliegen mögen, abzusehen, will ich nur darauf hinweisen, daß es einem gewissenhaften Armenpfleger, der von dem benachbarten und vielleicht befreundeten Hausbesitzer um Aushändigung des Mietzinses ersucht werden kann, angenehmer sein wird, einer solchen Entscheidung überhoben zu sein, wie denn überhaupt eine Beschlußfassung über persönliche Verhältnisse besser durch Mehrere als durch Einen geschieht. Es dürfte daher am zweckmäßigsten sein, daß diejenige Stelle, welche die Unterstützung bewilligt, auch — zugleich oder nachträglich — beschließt, in welcher Weise die Auszahlung zu erfolgen habe.

Bezüglich der dritten Frage nehme ich an, daß diejenige Behörde, welche zu beschließen hat, wieviel der Arme verzehren kann, und ob er oder seine Kinder in einer Anstalt verpflegt werden sollen, ihre Aufgabe gewiß nicht überschreitet, wenn sie sich um den Mietvertrag des Unterstützten bekümmert, mag letzterer auch ohne ihre Mitwirkung seine Geschäfte ausgeführt haben. Hier muß zunächst das schon oben berührte, leider viel verbreitete Mißverhältnis zwischen der langen Mietzahlungsperiode und den kurzen Lohn- und Almosenzahlungsperioden aufs schärfste auffallen. Giebt es einen größeren Widerspruch, als daß ein Hilfsbedürftiger den vierten Teil seines Einkommens aufsparen soll, um am Ende des Vierteljahres in ungetrennter Summe Zahlung, ja sogar Vorauszahlung zu leisten? Gehört es zu den Obliegenheiten der Armenpflege, dafür zu sorgen, daß am 2. Januar die Rücklage zum Erwerb einer Gegenleistung beginnt, die erst am 30. Juni vollständig erfolgt ist? — Eine Vergleichung der im Eingang dieses Paragraphen zusammengestellten Äußerungen der Armenbehörden mit den in §§ 1 und 3 angegebenen Zahlungsterminen zeigt, wie viele Verwaltungen thatsächlich sich genötigt fühlen, ihre Einrichtungen den bestehenden, für den Armen nachteiligen Zahlungsperioden anzupassen. Daß dies zuweilen auch ohne Widerstreben geschieht, beweist folgende Äußerung: Die Mietentschädigungen werden monatlich oder quartaliter gezahlt, um die Hausbesitzer nach Möglichkeit zu unterstützen. Sollten da nicht Anregungen, wie sie in der am Ende des vorigen Paragraphen angeführten Mainzer Bekanntmachung enthalten ist, dem Übel abhelfen können? Wenn auch die Unterstützten nur einen kleinen Teil der unbemittelten Mieter darstellen, kann es nicht schwer fallen, für eine so wichtige Frage, an welcher fast die ganze Bevölkerung beteiligt ist, das öffentliche Interesse zu gewinnen. Wird dabei der Fehler, die Hausbesitzer als eine besondere Menschenklasse zu betrachten, vermieden, so dürfte es den vereinten Bemühungen gelingen, die Zahlungsperioden soweit abzukürzen, daß eine unmittelbare Entrichtung des Mietzinses durch die Armenpflege nur noch selten notwendig sein wird.

§ 5. Die Formen der Gewährung von Wohnungsmiete.

Die Gewährung von Wohnungsmiete erblicke ich darin, daß ein bestimmter Geldbetrag den Zweck erhält, bei Entrichtung des Mietzinses verwendet zu werden. In dieser Fassung scheinen mir alle denkbaren Möglichkeiten Raum zu finden, mag nun der Betrag bereits in den Büchern der Verwaltung oder erst in der Hand des Pflegers bestimmt werden, mag die Erreichung des Zweckes mehr oder minder gesichert sein.

In der obigen Fassung zeigt aber die Gewährung von Wohnungsmiete eine solche Vielseitigkeit, daß sie, wenn sie als selbständige Art der Armenunterstützung auftreten will, mehrfache Rangstreitigkeiten auszufechten hat. Es kommt eben darauf an, was man unter Geld- und Naturalunterstützung versteht. Soll für die Bedeutung der Geldunterstützung der Wortlaut maßgebend sein, so wäre die Gewährung von Wohnungsmiete eine Unterart derselben. Besteht das Wesen der Geldunterstützung in der Freiheit der Verwendung, so wäre sie — bei bescheidenen Ranganspüchen — eine Unterart der Naturalunterstützung. Gehört zur letzteren nur die Beschaffung derselben Gegenstände, welche der Arme (nötigenfalls nach Herrichtung) in Gebrauch nimmt, so wäre jede Mietunterstützung ausgeschlossen, denn bei ihr handelt es sich um Mietzins, den der Arme kraft eignen Vertrags schuldet, und der Unterschied zwischen einer eignen und einer von der Armenpflege überlassenen Wohnung bleibt immer ein wesentlicher.

Um die Gewährung von Wohnungsmiete neben Geld- und Naturalunterstützung unterzubringen, kann ich einen verwertbaren Einteilungsgrund weder in der Art des zu befriedigenden Bedürfnisses (Wohnung) noch in der Gestalt der Bewilligung (Geld) erblicken, sondern nur in der Form, welche die Unterstützung in dem Zeitpunkt annimmt, in welchem sie dem Bedürftigen thatsächlich zukommt. Es handelt sich hiernach um Deckung einer laufenden und manchmal auch rückständigen oder zukünftigen Schuld. Ich denke mir also neben Geld- und Naturalunterstützung in gleichem Range die Schuldentilgung und erblicke in der Bedeutung dieses Wortes eine treffende Mahnung zur Vorsicht bei Anwendung jeder Art von Mietunterstützung.

Die Gewährung von Wohnungsmiete ist aber nur eine Unterart der Schuldentilgung; neben ihr besteht noch die Auslösung von Pfandstücken. Diese Nebeneinanderstellung wird uns nicht hindern, die Gewährung von Wohnungsmiete in ihrer hohen, wirtschaftlichen Bedeutung und in dem großen Wert, den sie unter Umständen für die Wohnungsfrage der Armen haben kann, voll zu würdigen. Auch der Vergleich mit einer vorzugsweise nur in außerordentlichen Fällen angewandten Unterstützungsform enthält nichts Herabsetzendes. Die Bedeutung der außerordentlichen Unterstützung wird überhaupt viel zu wenig beachtet. Die außerordentlichen Fälle sind verführerisch, weil es sich jedesmal um kleine Beträge handelt, und weil der Fall erst gegen Geschäftsschluß, womöglich Wochenschluß, auftritt; um so verderblicher aber ist das Beispiel.

Der Sprachgebrauch der Armenbehörden und die Einteilung der Gewährung von Wohnungsmiete bezw. Mietunterstützung war aus den Fragebogen nur selten ersichtlich. Folgende Äußerungen über die Gewährung von Wohnungsmiete zählen dieselben teils zur Geld= teils zur Naturalunterstützung:

Gotha: Wir haben den Grundsatz, Naturalunterstützung in allen Fällen, in welchen sie nützlich sein kann, auch in erster Linie zu verabfolgen und es dem Unterstützten zu überlassen, aus seinem Erwerb seine übrigen Bedürfnisse zu befriedigen, soweit dies angängig ist. Aber zweifellos wird Barunterstützung, also auch Mietunterstützung, nicht nur von den Armen mehr geschätzt und begehrt, sondern auch gerade deswegen mehr verwilligt, als nach obigem Grundsatz geschehen sollte.

Lübeck: Es wird in erster Linie Speise, Brot und Feuerung gewährt. Geldunterstützungen werden nur dann bewilligt, wenn die Naturalunterstützungen nicht mehr ausreichen.

München: Wenn Gefahr besteht, daß die dauernde Unterstützung in Geld schlecht angewendet, insbesondere wenn sie zur Anschaffung von geistigen Getränken mißbraucht wird, so ist die Bezirkspflegekommission berechtigt, die Geldunterstützung in Naturalunterstützung zu verwandeln. Die Naturalunterstützung besteht in der Gewährung der zur Linderung der Not vorzugsweise geeigneten Bedarfsgegenstände, insbesondere in der Anweisung von Suppe bei den städtischen Suppenanstalten und in der unmittelbaren Bezahlung des Mietzinses an den Mietgeber.

Hinsichtlich des Wortes „Mietunterstützung" verstanden einige Armenbehörden, u. a. Eisenach, Gnesen und Köthen, hierunter schon die Entrichtung des Mietzinses durch den Armenpfleger aus der für sämtliche Bedürfnisse bewilligten Geldunterstützung. Dagegen haben die meisten Verwaltungen gerade diese Gruppe ausgeschlossen und setzen also bei der Mietunterstützung voraus, daß die Bewilligung ausschließlich zum Zwecke der Mietzinszahlung geschehen sei.

Indem ich mich der letzteren Auffassung anschloß, fand ich zwei Formen, in welchen sich die Gewährung von Wohnungsmiete vollziehen kann, nämlich entweder in Form der Mietunterstützung in dem bezeichneten Sinne oder in Form der Entnahme des Mietzinsbetrages aus der allgemeinen Geldunterstützung. Für jede Form der Gewährung von Wohnungsmiete war aber wieder zu untersuchen, ob und auf welche Weise die Erreichung des Zweckes sichergestellt ist. Von diesen beiden Unterscheidungsgründen geht nebenstehende Zusammenstellung aus.

In dieser Zusammenstellung ist bezüglich aller Armenbehörden, welche auf die Rundfrage geantwortet haben, ersichtlich, ob und in welcher Form sie Wohnungsmiete gewähren. Jede Stadt ist nur einmal und zwar mit derjenigen Unterstützungsform genannt, welche nach der Beantwortung als die vorherrschende erschien. Waren mehrere Formen nebeneinander üblich, so gab ich der weitergehenden den Vorzug. Der Eintrag in Spalte III. bedeutet also, daß nur durch Abzug an der allgemeinen Unterstützung die Gewährung von Wohnungsmiete durchgeführt wird, während der Eintrag in den Spalten I. und II. die Annahme offen läßt, daß die Armenpflege in

Die Gewährung von Wohnungsmiete als Art der Armenunterstützung.

I. Mietunterstützung in der Regel. Unmittelbare Zahlung erfolgt:			II. Mietunterstützung in besonderen Fällen. Unmittelbare Zahlung erfolgt:			III. Geldunterstützung, aus welcher die Miete, wenn nötig, unmittelbar bezahlt wird:	IV. Wohnungsmiete wird nicht gewährt:
a. regelmäßig	b. nötigenfalls	c. nicht	a. regelmäßig	b. nötigenfalls	c. nicht		
Bernburg	Altendorf	Fürth	Bocholt	Bremen	Aschaffenburg	Aachen	Annaberg
Bielefeld	Altenessen	Lübeck	Buer	Bremerhaven	Bautzen	Barmen	Aschersleben
Eisleben	Ansbach	Naumburg	Cannstadt	Dresden	Gnesen	Borbeck	Brandenburg
Frankfurt a. O.	Bonn	Ueckendorf	Charlottenburg	Eberswalde	Guben	Brieg	Forst
Gießen	Erlangen	Weimar	Crimmitschau	Freiberg	Kassel	Danzig	Grünberg
Halberstadt	Essen	Weißenfels	Eisenach	Gera	Königsberg	Döbeln	Hagenau
Hanau	Freiburg	Wittenberg	Erfurt	Giebichenstein	Köthen	Duisburg	Hannover
Koburg	Göttingen	Wolfenbüttel	Heidelberg	Greiz	Merseburg	Elberfeld	Hirschberg
Kreuznach	Gotha		Iserlohn	Halle	Neumünster	Elbing	Köpenick
Landsberg	Insterburg		Kiel	Kempten	Pirna	Frankfurt a. M.	Köslin
Ludwigshafen	Kalk			Malstatt-Burbach	Posen	Gelsenkirchen	Linden
Marburg	Krefeld			Meerane	Reichenbach	Görlitz	Liegnitz
Neustadt a. H.	Ludwigsburg			Mülheim a. d. Ruhr	Schweidnitz	Graudenz	Löbau
Oberhausen	Lüdenscheid			Nordhausen		Harburg	Neustadt O. S.
Reutlingen	München			Ratibor		Hildesheim	Oppeln
Rostock	Oschitz			Stargard		Koblenz	Spandau
Saarbrücken	Quedlinburg			Stolp		Köln	Stettin
Schalke	Wismar			Witten		Kottbus	Wandsbek.
Siegen				Zerbst		Mainz	
Stralsund						Memel	
Vierßen						Potsdam	
Wald						Prenzlau	
Wiesbaden						Rheydt	
						Sankt Johann	
						Soest	
						Wattenscheid	
						Wesel	
						Worms	
						Wurzen	
						Zaborze	
						Zittau	

andern Unterstützungsfällen oder zur Ergänzung der nicht hinreichenden Mietunterstützung Abzüge bei Auszahlung der Geldunterstützung vorsieht. Dieses Nebeneinanderbestehen verschiedener Formen zeigt sich umgekehrt auch darin, daß, wie später ausgeführt werden soll, verschiedene Städte regelmäßig die Entnahme des Mietzinses dem Armenpfleger überlassen, daneben aber auch, wenn Obdachlosigkeit in Aussicht steht, besondere Mietunterstützung bewilligen und deshalb unter Spalte II. aufgeführt wurden.

Die Ausfüllung der Spalte c. beruht nur selten auf einer ausführlichen Auskunft. Ich möchte daher nicht daran zweifeln, daß die daselbst genannten Behörden, wenn die Zahlung des Mietzinses ernstlich in Frage steht, ihre Zwecke durchzuführen wissen.

Die Spalte III. hätte auch mit III b. bezeichnet werden können, da bei der Entnahme des Mietzinses die Spalte c. begrifflich ausgeschlossen ist, und da sich zur Bildung einer Spalte a. keine Stadt vorfand, weil überall, wo allgemeine Geldunterstützung besteht, nur unter bestimmten Voraussetzungen die Verfügung des Unterstützten beschränkt wird.

§ 6. Die ordentliche Mietunterstützung.

Die Mietunterstützung betrachte ich als diejenige Form der Gewährung von Wohnungsmiete, bei welcher die Feststellung des Zweckes und des Betrages durch die bewilligende Behörde geschieht. Es handelt sich also im Gegensatz zu dem Verfahren, daß der Armenpfleger aus der Geldunterstützung den erforderlichen Mietzins entnimmt, hier um eine besondere Bewilligung, welche wiederum ihre eigene Taxordnung voraussetzt.

Ob ein grundsätzlicher Unterschied zwischen der Mietunterstützung und dem Abzug des Mietzinses besteht, wollen wir an zwei Fällen untersuchen. Im einen Fall erklärt der Armenpfleger dem Unterstützten bei Übergabe der Wochenspende, an Mietunterstützung seien für das Vierteljahr 13 Mk. bewilligt; da aber der vertragsmäßige Mietpreis vierteljährlich 26 Mk. betrage, so ziehe er hiermit von der Wochenspende 1 Mk. ab. Im anderen Falle begnügt sich der Armenpfleger bei Überbringung der Wochenspende mit der Erklärung, er ziehe hiermit, da der vierteljährliche Mietpreis 26 Mk. betrage, 2 Mk. ab.

Da für den Armen hierin offenbar kein Unterschied besteht, so muß ich mich fragen, warum begnügen wir uns nicht damit, in den geeigneten Fällen den thatsächlichen Mietzins in Abzug zu bringen? Wozu machen wir uns die Schwierigkeiten, zuerst eine richtige Taxe aufzustellen und dann die noch empfindlichere Frage zu lösen, wie der Unterschied zwischen der Taxe und dem thatsächlich vereinbarten Mietpreis auszugleichen ist? Gewiß besteht nicht die Absicht, durch die Beschränkung, welche äußerlich in der Taxe liegt, auf eine Herabminderung der Mietsaufwendungen des Armen hinzuwirken. Das Verlangen der ärmeren Bevölkerung nach einer auskömmlichen Wohnung ist — abgesehen von Personen, die aus günstigeren Verhältnissen zurückgekommen sind — kein zu weitgehendes. Allerdings muß ich hier hervorheben, daß die Bewilligung der Mietunterstützung samt den unentbehr-

Die Gewährung von Wohnungsmiete als Art der Armenunterstützung. 33

lichen Feststellungen und Vorarbeiten jedenfalls wesentlich dazu beiträgt, die Behandlung der Wohnungsfrage aller Unbemittelten bei den Armenverwaltungen und anderen Behörden in den Vordergrund zu stellen. Zugleich lasse ich die ausführlichen Urteile folgen, welche sich über den Wert der Mietunterstützung ergeben haben:

Borbeck: Eine Teilung der Beihilfen für die verschiedenen Bedürfnisse (Unterkunft ꝛc.) hat sich hier nicht bewährt.

Hildesheim: Zur Miete wird ausdrücklich aus der Armenkasse kein Geld gegeben; aus Geschenken erfolgt gelegentlich solche Unterstützung, um die Armenpflege zu verhüten. Nur für Obdachlose wird die erste Miete vorausbezahlt oder garantiert. Es besteht das Bedenken, die Vermieter aus der Armenkasse direkt zu unterstützen und den Sparzwang, welchen die bevorstehende Mietzahlung auf die Mieter ausübt, zu beseitigen.

Koblenz: Die vor Jahren eingeführt gewesene Mietunterstützung hat im Sinne der Armenpflege insofern einen schlechten Einfluß auf die Unterstützten geübt, als die betreffenden Familien sich wegen der Miete ganz auf die Hilfe der Armenverwaltung verlassen haben und ihre Lebenshaltung auf diese Hilfe eingerichtet hatten. Auch fallen die Unterstützten hierbei leicht in den Fehler, sich eine kostspieligere (freilich auch bessere) Wohnung zu mieten.

Kreuznach: Hier besteht der Grundsatz, daß bei allen Unterstützungsgesuchen zunächst die Mietfrage erörtert und fast ohne Ausnahme als erste und notwendigste Unterstützung „Obdach", d. i. Mietunterstützung, gewährt wird. So ist die hiesige Armenverwaltung auch in der Bewilligung rückständiger Mietforderungen sehr liberal.

Man hat der Mietunterstützung den Vorwurf gemacht, daß sie ein Steigen der Mietpreise zur Folge habe. Der Nachweis, daß dies an irgend einem Orte thatsächlich geschehen, wird kaum zu erbringen sein. Die Beantwortung der Fragebogen hat ebenfalls keine Anhaltspunkte in dieser Richtung ergeben. Ich war daher im Begriff, die genannte Behauptung zurückzuweisen, wenn nicht die Untersuchung über die Höhe der Mietunterstützung und über die Behandlung des Ausgleichs zwischen Taxe und geschuldetem Mietzins mir die Überzeugung aufgedrängt hätte, daß allerdings eine derartige Wirkung möglich sei.

Wo bei jedem Verlangen nach Mietunterstützung, der Festsetzung ihrer Höhe, den Erörterungen über den Ausgleich und allen dabei in Betracht kommenden Vorschlägen die allgemeine Ausschlußtaxe die unter allen Umständen maßgebende Grenze ist, und wo infolgedessen jede Mietunterstützung für die Organe der Armenpflege, für die Unterstützten und für jeden beteiligten Dritten den Eindruck eines Abzugs von den sonstigen Einkünften macht, da ist jede preissteigernde Wirkung ausgeschlossen.

Wo aber die Mietunterstützung als eine besondere Zulage erscheint, bei deren Bewilligung, bezw. Erhöhung Mieter und Vermieter mit vereinten Kräften mitarbeiten möchten, da ist die Vermutung nicht von der Hand zu weisen, daß, je nach Besetzung der beschließenden Deputation, den Berechnungen im allgemeinen ein höherer Mietpreis zu Grunde gelegt werden kann, als er thatsächlich den örtlichen Verhältnissen entspricht.

Daß in der That viele Armenbehörden darauf bedacht sind, jeden gefährlichen Einfluß der Mietunterstützung zu verhüten, beweisen u. a. folgende Mitteilungen:

Halle: Anträge auf Mietunterstützung sind abzuweisen, wenn der Unterstützte eine zu teuere Wohnung inne hat, z. B. mehr als ein Fünftel seines Einkommens für Miete ausgiebt.

Hanau: Anträge auf Bewilligung von Mietunterstützung werden dann abzuweisen sein, wenn der Unterstützte eine zu teuere Wohnung bewohnt oder wenn die von ihm bewohnten Räume allzu verwahrlost und offensichtlich gesundheitsschädlich sind. Zur Feststellung der Wohnungsverhältnisse soll der Armenpfleger den Armen vor Beantragung der Unterstützung in seiner Wohnung besuchen.

Viersen: Die Armenverwaltung nimmt Bedacht darauf, daß keine höheren Mieten bezahlt werden als ortsüblich sind.

Sehr bemerkenswert sind die in Köln gegebenen Vorschriften, welche dem Armenpfleger aufgeben, in allen Unterstützungsfällen das Verhältnis des Mietpreises zu Einkommen und Wohnung zu untersuchen. Obgleich Mietunterstützung dort überhaupt nicht bewilligt wird, ist dennoch im Interesse der Armen folgende Bestimmung getroffen: Einer Überschreitung der Ausgaben für Miete über die vorgesehenen Sätze hinaus ist durch Kürzung der Unterstützung um denjenigen Betrag, um welchen die Mietausgabe jene Sätze übersteigt, entgegenzutreten, und ist es dem Unterstützten nötigenfalls anheimzugeben, billigere Wohngelegenheiten in anderen Stadtteilen zu benutzen. Eine Ausnahme hierin ist nur für weniger erhebliche Mehraufwendungen und nur dann zuzulassen, wenn nachweisbar die Erwerbsfähigkeit des Armen durch die Art und Lage der Wohnung bedingt oder vermehrt wird.

In der Anwendung der Mietunterstützung besteht eine sehr große Verschiedenheit. Bald wird sie regelmäßig neben der Geldunterstützung bewilligt, manchmal sogar nach festen Sätzen, bald ist es eine Vergünstigung für alle Einheimische, in Zittau wird sie nur Landarmen gewährt. Bald ist sie die hauptsächlichste Unterstützungsform, bald ist es eine aus Stiftungsgeldern gespendete Beihilfe, die nur einen kleinen Teil des Mietpreises ausmacht. Wie außerordentlich die Mannigfaltigkeit ist, zeigt sich beispielsweise aus folgender Äußerung von Gotha: Die Mietunterstützung wird als selbständige Art der Unterstützung gewährt; oft erhält eine Person lediglich Mietunterstützung, meist ist die Mietunterstützung die selbstverständliche Begleiterin der dauernden Unterstützungen: doch werden auch, namentlich in vorübergehenden Unterstützungsfällen, lediglich Brot-, Suppen- oder Barunterstützungen zu anderen Zwecken verwilligt.

Auch über die Anwendung bei längerer oder bei kürzerer Hilfsbedürftigkeit herrschen verschiedene Ansichten, wie folgende Äußerungen zeigen:

Buer: Bei kürzerer Hilfsbedürftigkeit wird die Miete übernommen, damit die betreffende Familie Wohnung behält.

Schalke: Die Mietunterstützung ist insbesondere bei längere Zeit währenden Unterstützungen zweckmäßig, um den Bedürftigen die Wohnung zu erhalten, da sie zu leicht gerade sich der Mietszahlung enthalten, diese zu großen Beträgen heranwächst und Exmission unausbleiblich ist. Insbesondere macht sich dies bei längeren Inhaftierungen nach der Rückkehr eines Inhaftierten geltend.

Die Auffassung, daß bei einer mehrwöchigen Gefängnisstrafe die Familienunterstützung so bemessen werden solle, daß eine entsprechende Rücklage für den Mietzahlungstermin möglich sei, hat nie meine Zustimmung finden können. Oft handelt es sich um Ehemänner, die selber nie an Aufsammlung des Mietzinses gedacht haben, und deren Frauen während der Inhaftierung erleichtert aufatmen. Weder die Unterstützung noch die Strafe darf für den Betroffenen einen Vorteil im Gefolge haben.

Erst dann gelangt man in dem bunten Anwendungsgebiet der Mietunterstützung zu einer gewissen Klarheit, wenn man die Frage aufwirft, was bei einem geringeren Grade von Hilfsbedürftigkeit aus der Mietunterstützung wird. Die in der Zusammenstellung im vorigen Paragraphen als regelmäßig bewilligend in Spalte I. aufgeführten Verwaltungen lassen großenteils die Mietunterstützung erst zuletzt in Wegfall kommen. Es sind dies: Altendorf, Bielefeld, Fürth, Gießen, Insterburg, Krefeld, Kreuznach, Landsberg, Ludwigsburg, Naumburg, Reutlingen, Rostock, Saarbrücken, Siegen, Ueckendorf, Wald, Weißenfels, Wiesbaden, Wismar.

Umgekehrt fällt in Essen, Lübeck und Wittenberg die Mietunterstützung zuerst weg.

In Altenessen wird die Unterstützung auf eine einzige Art beschränkt, meistens auf die Mietunterstützung. In Freiburg wird die gesamte Unterstützung in jedem Teile verhältnismäßig gekürzt. In Eisenach wird zuerst die Geld-, dann die Miet- und zuletzt die Naturalunterstützung gekürzt. In Bernburg findet zunächst verhältnismäßige Kürzung und dann nach Lage des Falles Einstellung der einen oder anderen Art statt. Eine Reihe von Verwaltungen pflegt endlich von Fall zu Fall zu entscheiden.

Fassen wir nun diejenigen Städte ins Auge, welche nur in besonderen Fällen (vergleiche Zusammenstellung in § 5) Mietunterstützung gewähren, so wird letztere in Eberswalde, Greiz, Iserlohn, Köthen und Malstatt-Burbach zuletzt gestrichen, während sie in Zerbst zuerst in Wegfall kommt.

Daß bei dieser Klasse von Städten, welche die Mietunterstützung nur von Fall zu Fall gewähren, auch bezüglich der Dauer derselben weniger Regelmäßigkeit zu beobachten ist, wird sich aus dem nachfolgenden Verzeichnis ergeben, worin bei jeder Stadt möglichst kurz die Veranlassung und der Umfang bemerkt ist, in welchem Mietunterstützung bewilligt ist:

Aschaffenburg: bei Obdachlosigkeit.
Bautzen: selten einmaliger Beitrag.
Bocholt: neben Geldunterstützung.
Bremen: unbestimmt.
Bremerhaven: selten.
Cannstatt: verschiedene Familien nur Miete, andere nur Wochengeld.
Charlottenburg: nur für den ersten Monat.
Crimmitschau: bei Obdachlosigkeit, neben Geldunterstützung.
Dresden: bei Obdachlosigkeit, neben Geldunterstützung.
Eberswalde: bei Obdachlosigkeit.
Eisenach: bei Obdachlosigkeit.

Erfurt: bei Obdachlosigkeit, neben Geldunterstützung.
Freiburg: bei Obdachlosigkeit, neben Geldunterstützung.
Gera: bald nur Geld, bald nur Miete, bald beides.
Giebichenstein: bald nur Geld, bald nur Miete, bald beides.
Gnesen: nur einmalig.
Greiz: bei Obdachlosigkeit.
Guben: selten.
Halle: bei Obdachlosigkeit, neben Geldunterstützung.
Heidelberg: bald Geld, bald Miete, bald beides.
Iserlohn: bei Obdachlosigkeit, neben Geldunterstützung.
Kassel: bei Obdachlosigkeit.
Kempten: als unbedeutender Faktor, neben Geldunterstützung.
Kiel: neben Geldunterstützung mit Ausschlußtaxe.
Köthen: unbestimmt.
Königsberg: aus den Mitteln einer Stiftung.
Malstatt-Burbach: nur bei Leichtsinn oder Obdachlosigkeit, neben Ausschlußtaxe.
Meerane: selten, neben Geldunterstützung.
Merseburg: unbestimmt.
Mühlheim a. d. Ruhr: neben Geldunterstützung.
Neumünster: selten, auf besonderen Antrag.
Nordhausen: bei besonderer Notlage, neben Geldunterstützung.
Pirna: bald ganze Miete, bald Zuschuß.
Posen: neben Ausschlußtaxe.
Ratibor: bei Obdachlosigkeit, aber auch Beihilfe.
Reichenbach: bei Obdachlosigkeit.
Schweidnitz: unbestimmt.
Stargard: unbestimmt.
Stolp: bei Obdachlosigkeit, neben Ausschlußtaxe.
Witten: bei Obdachlosigkeit, neben Ausschlußtaxe.
Zerbst: unbestimmt.

In den Verhandlungen des Vereins im Jahre 1894 (Köln) wurde die Frage angeregt, warum nicht die Armenbehörden, statt dem Hauswirt die Mietunterstützung in die Hände zu liefern, selbst als Mieter aufträten, da sie jedenfalls weit günstigere Bedingungen erzielen könnten, als der Arme es trotz des Hinweises auf die sichere Unterstützung vermöge.

Meine Umfrage hat ergeben, daß keine Armenverwaltung dieses Verfahren anwendet, und ich glaube diese Erscheinung wohl erklären zu können. Dauernd Unterstützte, wie es vorzugsweise ältere Leute oder diejenigen Familien sind, deren Ernährer gestorben ist, gehören zu den angenehmeren Mietern und können bei ihren geregelten Verhältnissen mindestens ebenso günstig mieten wie die Armenverwaltung, da der Vermieter naturgemäß wissen will, mit welchem Einwohner er zu thun hat und ob nichts Schlimmeres nachkommt. Handelt es sich aber um vorübergehend Unterstützte, also vorzugsweise um Familien, deren Ernährer krank ist, Strafe verbüßt oder sonst abwesend ist, so wirft sich für jede Armenverwaltung die Frage auf: „Wie bringen wir die Familie aus der Wohnung, wenn die Unterstützung aufhören soll?" Nur selten wird der gute Wille und die

Die Gewährung von Wohnungsmiete als Art der Armenunterstützung. 37

wirtschaftliche Kraft vorhanden sein, eine neue Wohnung zu mieten, auf die seitherige Beihilfe zu verzichten und auszuziehen. Die Armenverwaltung, die mit allen wohlthätigen Vereinen Verbindung sucht und von den eignen Organen eine opferfreudige, liebevolle Arbeit fordert, würde oft zu einer der härtesten Vollstreckungen schreiten müssen. Zur Bekämpfung der Obdachlosigkeit berufen, würde sie diese Not fördern. Noch häufiger freilich würde der bedrohte Familienvater der Behörde zuvorkommen und noch vor der Vollstreckung die Hilfsbedürftigkeit wiederherzustellen wissen. Sehr bezeichnend ist es denn auch, wie aus dem alten „Armenhause" (bei offener Armenpflege), aus welchem niemand mehr auszog, nach und nach ein (nur für die äußerste Notdurft genügendes) „Obdach" geworden, in welchem der Aufenthalt nur auf kurze Zeit, nach manchen Armenordnungen auf vier Wochen, beschränkt ist. Trotz mancherlei Beschränkungen in Bezug auf Ausgang, Besuche u. s. w. dehnt sich der Aufenthalt oft bedenklich lange aus.

§ 7. Die Höhe der Mietunterstützung.

Eine vollständig durchgeführte Taxe ist mir nur bei Krefeld und Rostock bekannt geworden. Ich lasse dieselbe zugleich mit den Sätzen für Barunterstützung folgen. Krefeld:

	Normalsätze, welche der Regel nach als ausreichend gehalten werden können.				Maximalsätze, welche nicht überschritten werden dürfen [1]			
	An barem Gelde		Miete		An barem Gelde		Miete	
	ℳ	₰	ℳ	₰	ℳ	₰	ℳ	₰
Für 1 einzelstehende Person	1	25	1	—	1	80	1	20
= 1 einzelstehende, über 60 Jahre alte Person „Invalide" . . .	2	—	1	—	3	30	1	20
= 2 Personen (Mann und Frau) . .	2	50	1	25	3	50	1	50
= Eheleute und 1 Kind	3	25	1	50	4	60	1	80
= = = 2 Kinder	4	—	1	50	5	80	2	—
= = = 3 = ...	4	75	1	50	7	—	2	20
= = = 4 = ...	5	50	1	75	8	20	2	40
= = = 5 = ...	6	25	1	75	9	40	2	60
= = = 6 = ...	7	—	1	75	10	60	2	80
= = = 7 = ...	7	75	1	75	11	80	3	—
= = = 8 = ...	8	50	1	75	13	20	3	—
Für 1 erwachsene Person und 1 Kind .	2	—	1	25	2	90	1	50
= = = = = 2 Kinder	2	75	1	50	4	—	1	80
= = = = = 3 =	3	50	1	50	5	20	2	—
= = = = = 4 =	4	25	1	50	6	40	2	20
= = = = = 5 =	5	—	1	75	7	60	2	40
= = = = = 6 =	5	75	1	75	8	80	2	60
= = = = = 7 =	6	50	1	75	10	—	2	80
= = = = = 8 =	7	25	1	75	11	20	3	—

[1] Nur bei Kindern nach der Schulentlassung können für diese je 60 Pfg. mehr berechnet werden.

Rostock: Die höchsten Unterstützungssätze, welche in den Fällen, wo keinerlei Einnahmen vorhanden sind, aus städtischen Mitteln bewilligt werden können, sind in der Regel wie folgt:
A. an bar wöchentlich: 1. für eine einzelstehende Person 1,25 Mk.; 2. für Familien: a. für das Familienhaupt 1,25 Mk.; b. für die bei dem Manne lebende Ehefrau 1 Mk.; c. für jedes Kind 0,75 Mk.
B. an Miete vierteljährlich: 1. für eine einzelstehende Person 12 Mk., 2. für eine Familie, bestehend aus 2 Personen, 15 Mk.; 3. für eine Familie, bestehend aus 3—5 Personen, 20 Mk.; 4. für eine Familie, bestehend aus 6 und mehr Personen, 24 Mk.

Sollte dennoch in einzelnen Ausnahmefällen eine höhere Unterstützung vernotwendigen, so ist dies in ausführlicher Weise zu motivieren und in dem Protokolle zu bemerken.

Zunächst kommt Siegen, welches bestimmt für eine Wohnung für 1—2 Personen 3—5 Mk., für 3—4 Personen 5—7 Mk., für 5—6 Personen 7—8 Mk., für 7—8 Personen 8—10 Mk. pro Monat, und soll nur in Ausnahmefällen (bei vollständiger Erwerbsunfähigkeit 2c.) der höchste Satz bewilligt werden.

Die Armenordnungen von Landsberg a. W. und Lüdenscheid bestimmen folgende Sätze:

Landsberg a. W.: Monatlich 3 Mk. für 1—2 Personen, 4 Mk. für 3 und mehr Personen. Für gewöhnlich soll die Mietunterstützung monatlich nicht mehr als 1,50 Mk. betragen.

Lüdenscheid: Mehr als 48 Mk. (halbjährlich) sollen in der Regel als Mietunterstützung nicht berechnet werden. Bei der Mietsgewährung ist um deswegen von der Festsetzung bestimmter Mietssätze durch das Statut abgesehen worden, weil der Gesundheitszustand, das Alter der Familienangehörigen und andere Umstände die Kosten der Wohnung beeinflussen können.

Es folgen nun diejenigen Städte, welche einen bestimmten Geldbetrag als den üblichen oder als die Grenze der Bewilligung angegeben haben. Es gewähren nämlich:

Altendorf: in der Regel jeder Familie monatlich 5 Mk.
Bernburg: vierteljährlich 6 Mk.
Bielefeld: vierteljährlich in der Regel 9—12 Mk.
Erlangen: vierteljährlich 5—10 Mk.
Fürth: vierteljährlich 6 Mk.
Gotha: monatlich bis zu 6 Mk.
Kalk: für einzelstehende Personen monatlich 3 Mk.
Kempten: vierteljährlich 5—6 Mk.
Ludwigsburg: vierteljährlich 7 Mk.
Naumburg: vierteljährlich 4—9 Mk.
Neustadt a. H.: jährlich 52 Mk.
Ohligs: monatlich für Familien 7,50 Mk., für Einzelstehende 3 Mk.
Stralsund: jährlich 36, 48, 60 und in besonderen Fällen 72 Mk.
Ueckendorf: jährlich 90 Mk.
Wald: je nach Größe der Familie bis zu 120 Mk. jährlich.

Weimar: in der Regel 3 Mk. monatlich.
Wiesbaden: jährlich 60—240 Mk.
Wittenberg: vierteljährlich 3—9 Mk.
Wolfenbüttel: vierteljährlich 3, 5 oder 10 Mk.

Eine Aufstellung dieser Taxen in der Reihenfolge ihrer Höhe habe ich unterlassen, da es mir nicht möglich war, in dem bunten Bilde eine Gesetz=mäßigkeit wahrzunehmen. Bezeichnen doch viele Armenbehörden ihre Miet= unterstützung nur als Mietzuschuß oder Mietbeihilfe. — Mit Ausnahme der Städte, welche den jährlichen Betrag ihrer Taxe angaben, haben alle die bei ihnen vorherrschende Mietzahlungsperiode bei Benennung der Taxe zu Grunde gelegt (vgl. die Tabelle in der Einleitung). Also vierteljährliche Zahlung, vierteljährige Taxe, monatliche Zahlung, monatliche Taxe.

Von einigem Interesse dürfte es sein, daß mit Ausnahme von Kempten, welches nur selten und in geringem Maße (Jahresausgabe 231 Mk.) einen Mietbeitrag gewährt, alle vorgenannten Städte, die sich einen bestimmten Geldbetrag als Richtschnur nehmen, unter denen sich befinden, welche in der Regel Mietunterstützung bewilligen (vgl. Zusammenstellung über die Formen der Gewährung von Wohnungsmiete Spalte I.). Es dürfte dies ein Beweis dafür sein, daß die Unterscheidung zwischen der regelmäßigen und der besonderen Mietunterstützung eine tiefgreifende, der Natur der Sache entsprechende ist.

Die meisten Städte, welche Mietunterstützung gewähren, richten sich aber nicht nach einer erfahrungsgemäß gebildeten Festsetzung, sondern nach den allgemeinen Umständen des Falles, sie bewilligen „nach der Größe der Bedürftigkeit" bezw. „von Fall zu Fall". Es sind dies Ansbach, Bremer= haven, Brieg, Eisenach, Eisleben, Frankfurt a. O., Freiburg, Gera, Giebichen= stein, Gießen, Göttingen, Graudenz, Halberstadt, Halle, Hanau, Heidelberg, Insterburg, Koburg, Kreuznach, Ludwigshafen, Lübeck, Marburg, Merseburg, München, Pirna, Reutlingen, Saarbrücken, Weißenfels, Witten, Zerbst.

Eine Prüfung der obigen Taxen ergiebt in den meisten Fällen, daß die Mietunterstützung hinter den nach den örtlichen Verhältnissen anzuneh= menden Preisen erheblich zurücksteht, wärend allerdings in anderen Städten die Obergrenze der Taxe beinahe den ortsüblichen Preis erreicht. In Krefeld z. B. beträgt nach der Übersicht in § 1 der vierteljährige Mietpreis für 1, 2 und 3 Zimmer 15, 32,50, 45 Mk., also wöchentlich $1^{2}/_{13}$, $2^{6}/_{13}$, $3^{6}/_{13}$ Mk., während die höchstmögliche Mietunterstützung für Einzelstehende 1,20 Mk., für eine kleinere Familie bis zu 2 Mk. und für eine große bis zu 3 Mk. beträgt. In Rostock beträgt der durchschnittliche Mietpreis 12,50, 32 und 40 Mk., und die Mietunterstützung 12—24 Mk. Auch in Siegen, Lüdenscheid und Ueckendorf unterscheidet sich die Obergrenze der Taxe kaum von dem orts= üblichen Preis.

Auf die Frage, ob außer der Kopfzahl noch andere Umstände, die eine höhere Aufwendung für Wohnung erforderlich machen, bei Bemessung der Mietunterstützung berücksichtigt werden, wurde in zahlreichen Fällen einfach bejahende Antwort erteilt oder bemerkt, daß das Bedürfnis von Fall zu Fall geprüft werde. In Gießen wurde die Erhaltung des Geschäfts als berück=

sichtigenswerter Fall erwähnt. Viersen macht die Höhe der Mietunterstützung von der Größe der Wohnung abhängig.

Ich komme nun zu der Frage, inwiefern die Armenbehörden bei Bemessung der Mietunterstützung die Höhe des von dem Hilfsbedürftigen vereinbarten, bezw. von dem Hauswirt geforderten Mietpreises maßgebend sein lassen.

Eine zahlreiche Gruppe von Städten steht auf dem Standpunkt, falls sie Mietunterstützung leisten, den vollen Mietzins zu zahlen, wenn er nicht offenbar zu hoch ist. Zu dieser Gruppe gehören: Bocholt, Bremen, Bremerhaven, Cannstatt, Crimmitschau, Eisenach, Erfurt, Halle, Malstatt-Burbach, Mühlheim a. d. Ruhr, Witten. Da diese Städte aber sämtlich zu denen gehören, welche nur in besonderen Fällen Mietunterstützung gewähren (vgl. Spalte II der Übersicht in § 5) und da dieselben großenteils nur bei bevorstehender Obdachlosigkeit solches thun, so kommt diese Auffassung hier weniger in Betracht.

Eine zweite Gruppe, vertreten durch die Städte Erlangen, Frankfurt a. O., Giebichenstein, Kalk, Kiel, Kreuznach, Ludwigshafen, Reutlingen, Viersen, Weimar, bewilligt die Mietunterstützung ohne Rücksicht auf die Verpflichtungen aus dem bestehenden Mietvertrag. Dieselben Städte gewähren, außer Giebichenstein und Kiel, die Mietunterstützung regelmäßig (Spalte I der Übersicht in § 5).

Eine Reihe von Städten befaßt sich mit dieser Frage überhaupt nicht, weil sie grundsätzlich nur kleinere Mietsbeihilfen gewähren. In Lübeck bewegt sich die Mietunterstützung in der Höhe der halben bis zur ganzen Wohnungsmiete. In Altenessen bleibt die Mietunterstützung unter dem Mietzins. In Halberstadt erreicht die Mietunterstützung fast nie die Höhe der wirklich zu zahlenden Miete, dagegen wird in Kreuznach nur in Ausnahmefällen der Mietzins nicht vollauf bezahlt.

Daß viele Verwaltungen die Schwierigkeit und die Nachteile einer hohen Mietunterstützung erkannt und entsprechende Abzüge an der übrigen Unterstützung der Armen ins Auge gefaßt haben, beweisen folgende Äußerungen:

Altendorf: Es werden in der Regel jeder Familie monatlich 5 Mk. Mietunterstützung gezahlt; grundsätzlich wird über diesen Betrag nicht hinausgegangen, obschon derselbe zur Deckung der Miete in den meisten Fällen nicht hinreicht. Die laufende Spende ist infolgedessen in den meisten Fällen dementsprechend höher bemessen.

Kalk: In der Regel wird ein bestimmter monatlicher Betrag als Beihilfe zur Miete gewährt. Dieser Betrag wird auf die nach Lage des Einzelfalles zu bemessende Gesamtunterstützung angerechnet.

Neustadt a. H.: Es wird hier ein Mietzinsbeitrag von 52 Mk. gewährt pro Jahr. Beträgt die wirkliche Miete mehr, so hat dieses Mehr die unterstützte Person selbst zuzulegen. Nur ganz ausnahmsweise in in Krankheits- und besonders ungünstig gelagerten Fällen wird die wirkliche Miete auf die Armenkasse ganz übernommen.

Lüdenscheid: Zahlt der Unterstützte ohne besondere Gründe eine höhere Miete, so ist auf Beschaffung einer billigeren Wohnung zu bringen, ober die benötigte Mietunterstützung zu gewähren, dafür aber die sonstige Unterstützung zu ermäßigen.

Siegen: Jedenfalls haben die Armenpfleger darüber zu wachen, daß kein Unterstützter, welcher Mietunterstützung erhält, mit dem von ihm selbst zu zahlenden Mietrest in Rückstand bleibt, und sind die Vermieter anzuhalten, allmonatlich bei Auszahlung der seitens der städtischen Armenpflege bewilligten Miete, dem Armenpfleger die bezügliche Anzeige zu erstatten.

Bleibt ein Unterstützter mit einem Mietrest zurück, so ist demselben von der etwa sonst gewährten Unterstützung soviel abzuhalten, um damit zunächst die rückständige Miete decken zu können. Doch wird hinzugefügt, daß in Fällen völliger Hilfsbedürftigkeit die Miete ganz aus Armenmitteln gedeckt wird.

In Eisleben, Fürth, Landsberg, Naumburg und einigen anderen Städten werden zwei Arten von Mietunterstützungen unterschieden; während die ordentliche nur eine nicht hohe Beihilfe giebt, ist die Übernahme der ganzen Miete Sache der außerordentlichen Unterstützung.

In anderen Städten, unter denen ich Königsberg, Nordhausen, Schalke und Stralsund zu nennen habe, findet vor Bewilligung einer höheren Mietunterstützung eine Verhandlung zwischen dem Bezirksvorsteher oder anderen Organen und dem Hauswirt statt, welche eine Herabsetzung der Mietforderung bezweckt. Auch hier scheinen vorzugsweise Fälle außerordentlicher Unterstützung zu Grunde zu liegen.

Gießen, Gotha und Halberstadt bewilligen eine hohe Mietunterstützung, die der Miete nahezu gleichkommt, die sie aber nötigenfalls noch auf die gleiche Höhe bringen. Endlich erhöht eine Gruppe von Städten ihre Mietunterstützung nur selten und in besonderen Ausnahmefällen bis zum Betrag des Mietzinses. Es sind dies: Altendorf, Ansbach, Bernburg, Bielefeld, Freiburg, Krefeld, Lüdenscheid, Neustadt a. d. H., Rostock, Wald und Wiesbaden.

Mehrere Städte geben außerdem ihren Armenpflegern auf, in allen Unterstützungsfällen die Angemessenheit der Wohnungsmiete zu prüfen, und sie machen die Zahlung des ganzen Mietzinses ausdrücklich davon abhängig, daß der Mietpreis sowohl nach Beschaffenheit der Wohnung, wie auch nach den Verhältnissen des Unterstützten nicht zu hoch sei. Wie bereits früher erwähnt, geht Köln einen Schritt weiter, indem es, obgleich Mietunterstützung niemals bewilligt wird, verlangt, daß die Aufwendung für Wohnung mit dem Einkommen des Unterstützten in einem bestimmten Verhältnis stehe, welches sich aus folgender Bestimmung ergiebt:

Zur Bemessung der Höhe und der Notwendigkeit der Unterstützung ist stets die Berechnung des Ausschlußsatzes zu Grunde zu legen.

Sodann ist die Gegenberechnung des vorhandenen Einkommens anzustellen. Hierbei sind, falls etwa der einzelstehende Arme eine freie Wohnung hat, $3/10$, bei armen unentgeltlich wohnenden Familien $2/10$ des ermittelten Ausschlußsatzes in Anrechnung zu bringen.

Im folgenden sind die von den verschiedenen Verwaltungen im Laufe eines Jahres (meist 1895/96) an Mietunterstützung ausgegebenen Beträge, soweit mitgeteilt, verzeichnet, wobei zu Stralsund zu bemerken ist, daß die „einmaligen" Mietzinsbeihilfen in obigen 4800 Mk. nicht enthalten sind.

	ℳ		ℳ
Altendorf	5 967,50	Malstatt-Burbach	927,—
Altenessen	4 500,—	Marburg	1 689,—
Ansbach	1 609,—	Merseburg	900,—
Bautzen	26,—	Mühlheim a. d. Ruhr	13 890,—
Bernburg	6 104,—	München	36 077,—
Bielefeld	12 088,—	Naumburg a. S.	2 594,—
Bocholt	431,—	Neumünster	732,—
Bonn	36 326,—	Neustadt a. d. H.	4 385,—
Bremen	1 489,—	Nordhausen	1 728,—
Cannstatt	37 822,—	Oberhausen	5 471,—
Crefeld	9 810,—	Ohligs	3 000,—
Eberswalde	822,—	Pirna	898,—
Eisleben	4 232,—	Posen	3 104,—
Frankfurt a. O.	14 160,—	Quedlinburg	1 228,—
Freiberg	296,—	Reichenbach i. V.	301,—
Freiburg	12 224,—	Reutlingen	10 000,—
Fürth	11 120,—	Rostock	27 011,—
Gera	1 500,—	Saarbrücken	2 000,—
Giebichenstein	1 500,—	Schalke	4 600,—
Gießen	12 029,—	Schweidnitz	50,—
Göttingen	11 066,—	Siegen	10 601,—
Gotha	14 642,—	Stralsund	4 800,—
Greiz	2 793,—	Ueckendorf	3 150,—
Halberstadt	10 344,—	Viersen	2 500,—
Hanau	1 350,—	Wald	3 750,—
Kalk	3 930,—	Wiesbaden	48 129,—
Königsberg	4 000,—	Weimar	3 968,—
Köthen	987,—	Weißenfels	7 422,—
Kreuznach	7 916,—	Wismar	4 575,—
Insterburg	2 813,—	Witten	10 772,—
Lübeck	8 252,—	Wittenberg	1 008,—
Lüdenscheid	4 534,—	Wolfenbüttel	800,—
Ludwigsburg	2 665,—	Zerbst	2 176,—
Ludwigshafen	6 308,—	Zittau	104,—

Ich habe versucht, nach Möglichkeit ein zahlenmäßiges Verhältnis zwischen der Miet= und sonstigen Unterstützung festzustellen. Für den einzelnen Fall ist dies jedoch nur bei den wenigen Städten möglich, welche neben der Taxe für Miet= eine zweite für sonstige Unterstützung besitzen und jedesmal in dem gleichen Verhältnis bewilligen. Es kann also nur das Gesamtverhältnis nach der Jahresaufwendung der einzelnen Städte in Betracht kommen, wovon folgende Übersicht, welche auf Grund der wenigen aber sehr verschiedenen Angaben hergestellt ist, ein Bild giebt. Die Jahresaufwendung für Mietunterstützung beträgt in Prozenten von der übrigen Unterstützung in: Köthen 6 %, Merseburg 7 %, München 8 %, Naumburg 9 %, Oberhausen 24—33 %, Siegen bei großen Familien 25 %, bei kleinen Familien 35 %, im ganzen 29 bis 30 %, Stralsund 14 %, Viersen 4 %, Weimar 43 %, Wiesbaden 45 %, Wittenberg 4 %. Zu dem gleichen Gegenstand bemerkt Bielefeld: Nach der Ordnung soll eine Familie mit 4 Kindern unter 14 Jahren 126 Mk. Unterstützung und 48 (36) Mk. Wohnungszuschuß erhalten. Je größer die Familie, desto niedriger die Miete zur Unterstützung. So würde es nach der Ordnung sein, in praxi ist es häufig entgegengesetzt. München erklärt bezüglich der Mietunterstützung, daß in kommender Zeit eine ziemliche Erhöhung dieser Unterstützungsart wird eintreten müssen.

§ 8. Die Verhütung der Obdachlosigkeit.

Wenn ich die Gewährung von Wohnungsmiete als eine Art Schuldentilgung bezeichnet und bisher von der Deckung der laufenden Mietforderung gesprochen habe, so erübrigt nunmehr die Betrachtung der rückständigen und der künftigen Mietzinsschuld. Die Bezahlung einer rückständigen Schuld ist begrifflich gar nicht Sache der Armenpflege, und es ist ebenso widersprechend, daß das Verlangen nach Vorauszahlung und Bürgschaft (künftige Schuld), welches bei einem gewöhnlichen Unbemittelten und leichtsinnigen Zahler zweckentsprechend gestellt wird, auch für denjenigen Unbemittelten gelten soll, dem die Armenpflege nach gründlicher Prüfung glaubt, ihre Hilfe leihen zu sollen. Daß die Armenpflege dennoch eintritt, ist aber nur erklärlich, weil sie hier unter dem Druck der bevorstehenden Obdachlosigkeit und unter sonstigen erschwerenden Umständen in Anspruch genommen wird. Obgleich wir das Gebiet betreten, welches vielfach als außerordentliche Unterstützung bezeichnet wird, habe ich eine solche Überschrift vermieden, weil ich der Ansicht bin, daß dieses genannte, dunkle Gebiet immer mehr eingeschränkt werden müsse. Durch Veranstaltungen, welche Jedermann zugänglich sind, ist dafür gesorgt, daß bei Unglücksfällen, welche den Menschen unvermutet ereilen, die Hilfe nicht ausbleibt. Auch leistet bei harter Bedrängnis unaufgefordert ein Mensch dem andern Beistand, und bei ungewöhnlichem Geldmangel hat bei Leuten von ehrlichem Namen der Kredit einige Bedeutung. Wer aber die Notlage voraussieht und sie allmählich eine Gestalt annehmen läßt, daß rasche Hilfe not thut, der kann nicht verlangen, daß die Armenbehörde unter Verzicht auf genügende Feststellung und unter Umgehung der ordnungsmäßig berufenen Organe mehr Beschleunigung anwendet, als er selber in eigenen Angelegenheiten gethan hat. Wer gar absichtlich den drängenden Zustand abwartet oder herbeiführt, um die Armenpflege zu erzwingen, hat es gewiß verdient, wenn seine Ansprüche gründlichst geprüft und in dem geringsten Maße befriedigt werden, den das Gesetz zuläßt. — Die sogenannten einmaligen Unterstützungen deuten schon durch diese Bezeichnung darauf hin, daß die Verwaltung ihre Wiederholung fürchtet. Steht in der Dienstanweisung, die Gabe dürfe nur einmal gewährt werden, so ergiebt sich die Meinung, dieselbe könne von Jedem mindestens einmal beansprucht werden. Wenn ein Bezirksvorsteher dem Hilfesuchenden auseinandersetzt, daß er ganz besonderer Umstände halber und vermöge außergewöhnlicher Nachsicht hiermit eine Gabe erhalte, welche ihm in Widerholungsfällen unwiderruflich schlankweg verweigert werde, so ist sicherlich die That stärker als die Worte. Der Hilfesuchende wird aus der ganzen Rede nur das eine hören, daß sein Wunsch erfüllt wird; alles übrige ist in diesem Augenblick ihm gleichgültig, und das weitere überläßt er der Zukunft. Es ist erstaunlich, wie rasch sich die Volksmeinung mit der Frage beschäftigt, ob ein bestimmter Grundsatz, ein gleiches Recht auch Ausnahmen zulasse, und es ist sehr bezeichnend, daß das Publikum dem Beamten gegenüber, welcher die Regel vertritt, viel zurückhaltender seine Ansprüche vorbringt, wie wenn es sich bemüht, eine entdeckte Ausnahme zur Regel zu machen.

Daß die Unterstützungen zur Verhütung von Obdachlosigkeit nur mit großer Vorsicht gegeben werden dürfen, zieht sich durch alle Anweisungen und Mitteilungen der Verwaltungen. Ich führe zunächst nur vier Äußerungen an, welche sich mit der Mietunterstützung in außerordentlichen Fällen allgemein befassen.

Crimmitschau: Durch Beschluß des Armenausschusses kann zur Vermeidung der Heraussetzung Armer, besonders ganzer Familien, aber auch in anderen Fällen der Mietzins auf Zeit oder dauernd auf die Armenkasse übernommen werden. Solchenfalls wird der Mietzins durch die Armenkasse in vierteljährlichen Teilbeträgen nach Ablauf des Vierteljahres unmittelbar an den Vermieter ausgezahlt.

Halle: Der Armenpfleger muß thunlichst verhüten, daß Mietsunterstützung an Müßiggänger oder liederliche Personen gewährt wird, man wird es hier auf Exmission ankommen lassen müssen. Mietsunterstützungen sollen nur bei bevorstehender Obdachlosigkeit und bei lang andauernder Krankheit gewährt werden.

Köln: Entsprechend den Vorschriften des § 22 ist es nicht zulässig, Unterstützungen zur Deckung rückständiger Miete zu bewilligen. Bei erfolgter Aussetzung eines Armen oder einer armen Familie aus der seitherigen Wohnung darf demnach, falls der Arme nachweist, daß er in demselben Bezirke eine neue Wohnung gefunden habe, eine Unterstützung nur im Betrage der Miete des kommenden Monats bewilligt werden. Diese Unterstützung ist im Höchstfalle auf $^1/_3$ des Ausschlußsatzes zu bemessen.

Es muß jedoch möglichst dahin gewirkt werden, daß das Wohnenbleiben durch Hergabe einer noch geringeren Beihilfe vermittelt wird. Soweit die Lage des Armen eine sonstige Unterstützung nicht rechtfertigt, muß es bei der einmaligen Ausgabe bewenden, und ist namentlich auch die Hergabe einer solchen einmaligen Unterstützung neben einer sonstigen, nach § 28 bemessenen Unterstützung nur in Ausnahmefällen, aber nie wiederholt, zulässig.

Witten: In außerordentlichen Fällen, insbesondere um Obdachlosigkeit hilfsbedürftiger Personen zu verhüten, können Mietsunterstützungen gewährt werden. Mehr als 90 Mark sollen in der Regel für ein Jahr nicht bewilligt werden; auch ist darauf Bedacht zu nehmen, daß die im § 2 festgesetzten Sätze durch übermäßige Mietsbeihilfen nicht überschritten werden; nötigenfalls ist die laufende Unterstützung entsprechend zu kürzen. Mietsunterstützungen sind entweder durch Vermittelung der Bezirksvorsteher oder direkt an den Vermieter zu zahlen.

Die Zahlung rückständiger Miete, welche natürlich nur die Erhaltung oder Sicherung einer Wohnung bezweckt, kann sich auf die seitherige oder auf die demnächst zu beziehende erstrecken. Fälle letzterer Art, in denen also der alte Hauswirt befriedigt sein muß, ehe ein neuer den Mieter aufnehmen will (hauptsächlich eine Wirkung der schwarzen Listen), haben, soweit aus den Beantwortungen ersichtlich, nur selten zur Zahlung rückständiger Miete geführt. Häufig aber sind die Fälle, in denen der Mieter bei dem bisherigen Hauswirt erhalten werden soll. Daher finden sich auch mehrfach die Anweisungen an den Bezirksvorsteher, daß vor der Bewilligung mit dem Vermieter wegen eines Nachlasses oder längerer Mietsdauer zu verhandeln sei.

Die Beachtung finanzieller Vorteile widerspricht gewiß nicht der Stellung einer Armenbehörde; aber es liegt eine ungeheure Stärke darin, wenn sich eine Verwaltung einfach auf ihre Taxe als ihr Gesetzbuch beruft und daraus abliest, wozu sie verpflichtet ist und wozu nicht. Manches unstichhaltige Gesuch wird dann gar nicht vorgebracht.

Eine sehr bestimmte Stellung gegen Mietzinsrückstände nimmt Hanau ein, welches in der Anweisung sagt: Die Deckung von Mieterückständen, sowie von sonstigen Schulden, ist nicht Aufgabe der Armenpflege. Die Bewilligung derselben darf demnach niemals beantragt werden.

Die Stellung der Armenbehörden wird durch folgende Vorschriften bezeichnet:

Erfurt: Eine besondere Art der außerordentlichen Unterstützung bilden die im Laufe des Jahres, insonderheit am Schlusse des Monats zu gewährenden Mietsunterstützungen.

Sie sollen nicht zur Tilgung rückständiger Mietsschulden, sondern lediglich zu dem Zwecke gewährt werden, um der Gefahr der Obdachlosigkeit vorzubeugen. Die Gewährung setzt daher voraus, daß der Vermieter bereit ist, den Unterstützten nach Zahlung des Mietszuschusses noch längere Zeit wohnen zu lassen.

Regelmäßig wiederholen dürfen sich diese Unterstützungen nicht.

Halle: Eine besondere Art der außerordentlichen Unterstützung bilden die im Laufe des Jahres, insonderheit am Schlusse des Quartals zu gewährenden Mietsunterstützungen. Sie sollen nur gewährt werden, wenn die Gefahr der Obdachlosigkeit droht. Regelmäßig wiederholen dürfen sich dieselben nicht.

Iserlohn: Einzelne arbeitsfähige Personen sowie Familien, welche aus arbeitsfähigen Personen bestehen, sind, falls sie zeitweilig wohnungslos sind, wegen Beschaffung einer vorläufigen Unterkunft an das Bureau des Armenamts zu verweisen.

Mietsunterstützungen zu diesem Zwecke sind nur denjenigen gegenüber zulässig, für welche nach den gegebenen Vorschriften die Bewilligung einer Unterstützung aus öffentlichen Mitteln zulässig ist.

Die Deckung rückständiger Miete aus öffentlichen Geldern ist in der Regel ausgeschlossen, in etwaigen Ausnahmefällen nur mit Genehmigung des Armenrats zulässig.

Stolp: Es ist den Armenpflegern gestattet, Unterstützungen, welche ganz oder vorwiegend zur Bestreitung der Wohnungsmiete bewilligt worden sind, dem Armen oder dessen Wirt erst nach Ablauf des Monats auszuzahlen. Hierbei ist stets zu berücksichtigen, daß Mietsunterstützungen nicht zur Tilgung rückständiger Mietsschulden, sondern lediglich zu dem Zwecke gewährt werden, um der Gefahr der Obdachlosigkeit vorzubeugen. Die Gewährung setzt voraus, daß der Vermieter bereit ist, den Unterstützten nach Zahlung des Mietszuschusses noch längere Zeit, mindestens jedoch während der gesetzlichen oder sonst vereinbarten Kündigungsfrist wohnen zu lassen.

Ferner äußert sich:

Danzig: Nur wenn dem Mieter wegen rückständiger Miete mit Exmission gedroht wird, und der Mieter eine große Familie hat, wird, um die Exmission zu verhüten, eine Extraunterstützung zur Miete bewilligt.

Wattenscheid: In einzelnen Fällen ist es vorgekommen, daß von der Armenverwaltung nach einer regelmäßigen Unterstützung auch noch eine aufgelaufene Mietsschuld übernommen werden mußte.

Die Zahlung rückständiger oder rückständig werdender Miete ist wohl auch die gebräuchlichste Form derjenigen in § 6 verzeichneten Verwaltungen, welche nur in besonderen Fällen, und zwar zur Vermeidung der Obdachlosigkeit Mietsunterstützung bewilligen.

Eine besondere Hilfe durch Vorausbezahlung des Mietzinses ist mitgeteilt worden aus Charlottenburg (auf einen Monat) und Iserlohn. Außerdem liegen folgende Nachrichten vor:

Elberfeld: Wenn kreditlose Leute, zumal nach einer Unterkunft im Obdach oder nach Exmission, eine Wohnung nur gegen Vorauszahlung der Miete für ein oder zwei Monate erlangen können, und dieselben mittellos sind, wird aus städtischen Mitteln der Betrag gezahlt, ohne weitere Verbindlichkeit zu übernehmen.

Mainz: Nur in äußerst seltenen Fällen, wenn es dem Unterstützten nicht gelingen sollte, eine Wohnung zu erhalten, giebt die Armenverwaltung einen Betrag zur Anzahlung auf die Miete.

Wurzen: In einigen und bis jetzt nur vereinzelt vorgekommenen Fällen ist an den Vermieter auf einen Monat der Mietzins gezahlt oder eine Differenz beglichen worden.

Wohl das verbreitetste Mittel gegen die Obdachlosigkeit ist die Verbürgung der Armenverwaltung für die Entrichtung des Mietzinses — ein Verfahren, welches wohl meistens mit der Zahlung durch den Bürgen endigt. In Krefeld, Landsberg und Rheydt ist die Bürgschaft (Garantie) in den Dienstvorschriften vorgesehen, und zwar in der folgenden fast gleichlautenden Fassung:

Der Armenpfleger hat vier Wochen vor dem Umzugstermin die Unterstützten seines Quartiers einer strengen Kontrolle in betreff ihres Verbleibens zu unterziehen, damit Obdachlosigkeit möglichst vermieden werde. Beim Wohnungswechsel bleibt jeder Arme solange der Fürsorge seines zeitigen Pflegers und Bezirks zugeteilt, bis er eine andere Wohnung wirklich angetreten hat. In Fällen, wo unterstützte Familien obdachlos werden und eine Wohnung in dem bisherigen Bezirke nicht ausfindig gemacht werden

Die Gewährung von Wohnungsmiete als Art der Armenunterstützung.

kann, ist es dem Armenpfleger gestattet, eine solche auch außerhalb seines Bezirks zu beschaffen und wenn nötig Mietsgarantie bis zu einem Vierteljahr zu übernehmen, wobei indessen, wenn irgend möglich, der Bezirksvorsteher oder Armenpfleger des betreffenden Quartiers zu Rate zu ziehen ist. In dem zu übergebenden Abhörbogen muß diese Verpflichtung ausdrücklich vermerkt sein.

Dagegen spricht sich Köln sehr bestimmt gegen jede Garantie aus mit den Worten:

Ein derartiges Vorgehen wird hier durchaus verworfen, da dasselbe nur dazu führen würde, den Unterstützten die möglichst zu erhaltende wirtschaftliche Selbständigkeit vorzeitig zu benehmen.

Die Verwaltungen, welche zur Vermeidung der Obdachlosigkeit dem Vermieter gegenüber sich verbürgen, sind nach Maßgabe der Fragebogen: Aachen, Ansbach, Bocholt, Bremen, Bremerhaven, Cannstatt, Frankfurt a. O., Graudenz, Kalk, Krefeld, Ludwigsburg, Lüdenscheid, Merseburg, Neustadt a. H., Oberhausen, Quedlinburg, Reutlingen, Rheydt, Rostock, Schalke, Stralsund, Viersen, Witten, Zerbst.

Garantie und in geeigneten Fällen Obdach im Asyl oder Armenhause gewähren Bielefeld, Borbeck, Eisleben, Elbing, Freiburg, Halberstadt, Halle, Heidelberg, Iserlohn, Koburg, Köthen, Mühlheim a. d. Ruhr, Prenzlau, Saarbrücken, Wald, Wattenscheid.

Dagegen haben folgende Städte mitgeteilt, daß bei ihnen nicht Garantie geleistet, sondern nur Aufenthalt im Armenhause oder in anderen zur Verfügung stehenden Wohnräumen gewährt wird: Altendorf, Altenessen, Bautzen, Bernburg, Brieg, Charlottenburg, Danzig, Duisburg, Elberfeld, Erfurt, Erlangen, Forst, Fürth, Gelsenkirchen, Giebichenstein, Hanau, Harburg, Köpenick, Köslin, Kottbus, Kreuznach, Landsberg, Löbau, Meerane, Reichenbach, Schweidnitz, Stargard, Stettin, Stolp, Uckendorf, Wismar, Wittenberg, Wolfenbüttel, Worms, Wurzen, Zaborze, Zittau. Die Errichtung eines Armenhauses wurde als notwendig bezeichnet in Ludwigshafen, Mainz und Schalke.

Über die mit dieser Anwendung des Armenhauses gemachten Erfahrungen liegen keine Äußerungen vor. Ein weiteres Eingehen würde auch den Rahmen dieses Berichtes überschreiten. Einige Behörden haben, wohl um dieser Obdachgewährung den Reiz der Unentgeltlichkeit zu nehmen, die Zahlung eines Mietzinses eingeführt; ob mit nennenswertem Erfolge, ist mir nicht bekannt.

Ich habe nun, nachdem ich mich für Einschränkung der außerordentlichen Unterstützung ausgesprochen, gewissermaßen die Verpflichtung, anzugeben, wie ich mir in diesen oder jenen Fällen die Entscheidung der Armenbehörde vorstelle.

Wenn ein Hilfesuchender nachweist, daß er bei seinem Einkommen nicht imstande sei, den in drei Wochen fälligen vierteljährlichen Mietzins zu entrichten, so müßte zuerst geprüft werden, ob das gegenwärtige Einkommen wenigstens die Bezahlung des laufenden, d. h. auf die kleineren Zeitteile entfallenden, nicht zu hohen Mietzinses ermöglicht, kurz: ob dasselbe die Ausschlußtaxe erreicht. Bejahenden Falls liegt keine Hilfsbedürftigkeit vor, und die Verwaltung ist zu keiner Maßnahme verpflichtet; verneinenden Falls beginnt die Unterstützung von diesem Zeitpunkt, und der Hilfsbedürftige wird darauf aufmerksam gemacht, daß aus den bewilligten Mitteln derjenige Teil des Mietzinses zu bezahlen sei, welcher der von diesem Tage an laufenden Mietzeit entspreche. Droht nun der Hauswirt wegen des Mietausfalles mit Ausweisung — kein besonnener Vermieter wird, wenn er für den künftigen Zins gesichert ist, solche Drohung ausführen —, oder bringt er solche Beschwerden bei der Verwaltung vor, so ist daran festzuhalten, daß aus dieser Ursache ein neuer Grad von Hilfsbedürftigkeit, oder bei der ersteren Annahme eine Hilfsbedürftigkeit überhaupt, erst dann wieder in Frage kommen kann, wenn die Aussetzung thatsächlich vollzogen ist. Von der ersten bedenklichen Miene des Hauswirts bis zu dieser vollendeten Thatsache ist aber, wie die Erfahrung lehrt, ein unendlich weiter Weg, auf welchem sich manche Art von Abhilfe einstellen kann und mit größter Wahrscheinlichkeit einstellen wird, wenn bekannt ist, daß die Armenverwaltung den richtigen Zeitpunkt ihres Einschreitens abzuwarten weiß. So gewiß die Armenpflege für ihre Schutzbefohlenen ein warmes Herz, für alle Schäden des wirtschaftlichen Lebens ein offenes Auge und bei allen Ereignissen eine rasche Hand haben muß, so gewiß ist es eine wesentliche Aufgabe, die Grenze zwischen echter und unechter Hilfsbedürftigkeit unverrückt zu halten.

Wenn eine unterstützte einzelnstehende Person vorübergehend im Krankenhause verpflegt werden muß und damit zunächst die Unterstützung in der offenen Armenpflege insolange verloren hat, ist es selbstverständlich, daß dennoch während der Krankheitsdauer die Wohnungsmiete aus der Armenkasse bestritten wird. Begrifflich war die offene Armenpflege überhaupt nicht unterbrochen, und es wird niemand, der von der Armenpflege eine umfassende, ausgiebige Fürsorge erwartet, diese Entscheidung bezweifeln. Zugleich ist es für die Unterstützten von großem Wert, daß das Bekanntwerden ihrer Lage ihnen das wünschenswerte Maß von Kredit nicht wegnimmt, sondern sichert. In der That haben auch mehrere Verwaltungen sich dahin ausgesprochen, daß die Thatsache allein, daß eine dauernde Unterstützung (wenn auch bloße Geldunterstützung) stattfinde, genüge, um alle Schwierigkeiten mit den Hauswirten vollständig auszuschließen.

Es soll aber auch nicht vergessen werden, daß es Personen giebt, die ein so geordnetes Leben gewöhnt sind, daß ihnen das Bewußtsein, eine Schuld nicht abtragen zu können, schwer am Herzen nagt. Unter den Armen finden sich solche Personen nicht weniger, was sich zum Teil schon daraus ergiebt, daß sehr viele Schulden in Fällen beglichen werden, in welchen auf dem Wege der Zwangsvollstreckung nichts auszurichten wäre, obgleich dies dem Schuldner bekannt ist, und obgleich er von der Vernichtung seines Kredits nichts zu fürchten hätte. Es dürfte aber gewiß den Absichten der meisten Schenkgeber entsprechen, wenn aus den von ihnen gestifteten Mitteln hie und da einem bedrückten Manne die Tilgung einer älteren Miet- oder anderen Schuld ermöglicht würde, was allerdings nur nach gründlichster Klarlegung aller Verhältnisse und nur bei Persönlichkeiten geschehen dürfte, deren vorwurfsfreies Leben nicht anzuzweifeln ist.

§ 9. Schluß.

Die Gewährung von Wohnungsmiete ist, wie sie heute geübt wird, zum einen Teil ein Stück reiner Armenpflege, zum andern Teil ein Kampf mit der Ungunst der Wohnungs= und Mietverhältnisse.

Der Zuzug in die größeren Städte in einer früher nie geahnten Stärke hat ein Bedürfnis an kleinen Wohnungen hervorgerufen, welchem die private Bauthätigkeit bei weitem nicht nachgekommen ist, und auf dessen Befriedigung erst in den letzten Jahren gemeinnützige Unternehmungen hingearbeitet haben. Aus welchen Ursachen die Privatunternehmung den Anforderungen nicht gewachsen war, ist schwer zu beantworten. Sicher ist, daß beim Vermieten von kleinen Wohnungen sehr bedeutende Verwaltungskosten entstehen, wie jetzt die Rechenschaftsberichte der gemeinnützigen Vereine nachweisen. Ebenso gewiß besteht eine sehr gebräuchliche und billige Art, kleine Wohnungen herzustellen, darin, daß man in größeren Häusern, welche im Wert zurückgegangen sind, die Stockwerke teilt. Leider macht sich die Privatunternehmung vorzugsweise darin bemerkbar, daß sie in Hinterhäusern Arbeiterwohnungen errichtet, die auch bei einer weitherzigen Baupolizei noch gerade zulässig sind. Ist mir doch ein Fall erinnerlich, in welchem ein Hintergebäude offenbar zu Wohnzwecken errichtet werden sollte, welches aber der Bauherr zur Erleichterung der Prüfung in den eingereichten Plänen als „Stall" bezeichnet hatte.

Wenn es gelingt, durch Beobachtung der Bevölkerungsbewegung, durch eine mit periodischen Untersuchungen verbundene Wohnungsstatistik, durch eine auf billigen Ausgleich gerichtete Regelung des Wohnungsnachweises und endlich, wo es not thut, durch Wachrufen des öffentlichen Interesses und Anregung der beteiligten Kreise ein richtiges Verhältnis zwischen Angebot und Nachfrage herzustellen, wird die Obdachlosigkeit seltener werden, und der Armenverband eher den erforderlichen Einfluß gewinnen können, um den Armen zu einem möglichst günstigen Mietvertrage zu verhelfen.

Die Mietverhältnisse waren in ihrer seitherigen Entwicklung beherrscht durch das Zurückbehaltungsrecht des Vermieters, der unter anderen Umständen niemals einen Monat, ein Viertel= oder gar ein halbes Jahr gewartet hätte, bis er vertragsmäßig den Mietzins einzog. Ungeachtet mancher bedenklichen Äußerung erblicke ich in der Einschränkung des Zurückbehaltungsrechts einen Wendepunkt für die Gewährung der Wohnungsmiete. Wenn auch auf der Suche nach einem Ersatz in der Zeit eines weit verbreiteten Wohnungsmangels und vielleicht in dem Gefühl, einen Gegenschlag zu üben, über das richtige Ziel hinausgegangen und statt der Bezahlung am Schluß einer jeden Woche vielfach die Vorauszahlung eingeführt worden ist, so ist zweifellos die Bewegung zu Gunsten kürzerer Zahlungsperioden wesentlich gefördert worden.

Wo diese Bestrebungen bereits Erfolg gehabt, oder wo wenigstens in kürzeren Zeiträumen der Armenpfleger aus der Spende die Miete zahlt, da ist die Mietunterstützung entbehrlich geworden.

Sehr anerkennenswert ist die Thätigkeit der Mietzinssparkassen, welche sich doch solange ihrem jetzigen Zwecke noch widmen mögen, bis ihnen eine neue Aufgabe erwachsen ist.

Die Gewährung von Wohnungsmiete wird als Abzug von der Geldspende erforderlich bleiben, wo die Bezahlung des Mietzinses auf anderem Wege nicht zu erreichen ist. Daß dies möglichst selten vorkomme, wird von der Geschicklichkeit des Pflegers zu wünschen sein. Neben der gedruckten Vorschrift giebt es eben noch etwas Unsichtbares. Es ist das Erkennen der immerfort sich mehrenden neuen Aufgaben, es ist der Geist, in welchem von Haupt und Gliedern die Armenpflege geübt wird, das Ansehen, das sie in der Bevölkerung genießt.

Gewährung von Wohnungsmiete als Art der Armenunterstützung.

Von Stadtrat Jakstein in Potsdam.

Ein Referent, der sich sein Thema nicht selbst gewählt hat, kann leicht in Gefahr kommen, die Absicht desjenigen, der das Thema aufgestellt hat, zu verfehlen, und diese Gefahr wird um so größer sein, wenn der Gegenstand vor demselben Forum bereits verhandelt worden ist. Das letztere ist nun allerdings der Fall, da Cuno auf dem Verbandstage in Köln (1894) denselben Gegenstand als Teil seines Referats „Grundsätze über Art und Höhe der Unterstützungen" und Münsterberg auf dem Verbandstage in Leipzig (1895) in seinem Referat über „die Fürsorge für Obdachlose in Städten" so eingehend erörtert haben, daß es mir nicht möglich ist, etwas Neues zu sagen. Wenn ich nun in der glücklichen Lage wäre, anderer Meinung als die genannten Referenten über den systematischen und praktischen Wert dieser Art der Unterstützung sein zu können, so hätte ich die Gelegenheit freudig ergriffen, um meine abweichende Meinung zu vertreten. Aber auch diese Freude ist mir versagt, da ich leider derselben Meinung wie meine Vorgänger bin. Der Sache selbst eine weitere Vertiefung zu geben, wollte mir auch nicht recht gelingen, da es an einer erkennbaren Gegnerschaft unseres gemeinschaftlichen Standpunkts fehlt, um fröhlich in den Kampf ziehen zu können. Nur einer zu weit gehenden Furcht vor der Obdachlosigkeit der Armen glaubte ich entgegentreten zu können und sollen. Ich habe mich daher darauf beschränkt, unter Verwendung des in den Vereinsschriften vorhandenen statistischen Materials, zu welchem auch die Statistik von Lange zu seinem in Görlitz (1892) erstatteten Referat über die Fürsorge für Obdachlose gehört, eine Reihe von Grundsätzen (A bis F) als das Ergebnis der bisherigen Untersuchungen in der Absicht aufzustellen und zu erläutern, daß diese Sätze und Ausführungen bei der praktischen Ausübung der Armenpflege von einigem Wert sein und dahin führen möchten, daß die Dienstanweisungen für die Armenpfleger mehr und mehr eingehendere Vorschriften über die Zulässigkeit und das Maß der Mietsunterstützungen in sich aufnehmen. Meine eignen Erfahrungen habe ich sehr in den Vordergrund treten lassen und hoffe, daß die Überzeugung, welche ich in der Sache gewonnen habe, zu einer Klärung und Festigung der Meinungen beitragen kann:

A. Die besondere Mietsunterstützung, welche dem Armen neben einer Unterstützung andrer Art, namentlich der Geldunterstützung, gewährt wird, und zwar dergestalt, daß die Armenbehörde durch direkte Zahlung der Miete an den Vermieter oder durch Garantie der Mietszahlung gegenüber dem Vermieter den Armen von der Fürsorge für die Wohnung für sich und die Seinigen befreit, ist nur bei denjenigen Armen zu empfehlen, welche wirtschaftlich unselbständig oder unzuverlässig sind.

Nach den statistischen Zusammenstellungen von Cuno und nach der Einsicht von 120 Armenordnungen ist es immerhin noch eine erhebliche Zahl von städtischen Armenverwaltungen, welche diesen Grundsatz nicht verfolgt. Weit verbreitet ist vielmehr die Praxis, daß ohne jene Einschränkung neben der Geldunterstützung eine besondere Mietsunterstützung gewährt wird. Bei denjenigen Armenverwaltungen, welche das System der Ausschlußsätze verfolgen, wird ein Teil dieser Sätze, der für sich tarifiert ist, zum Zweck der Mietszahlung an den Vermieter von der Armenbehörde zurückbehalten. In der Mehrzahl der übrigen Städte, in denen das Maß der baren Unterstützung der jeweiligen Schätzung der Armenpflegeorgane überlassen ist, wird — gleichfalls nach gewissen Normativsätzen — die Mietsunterstützung der Regel nach an den Vermieter gezahlt. Das Motiv, welches dieser Praxis zu Grunde liegt, ist zweifellos in der Absicht der Armenverwaltungen zu finden, Obdachlosigkeit der Armen unter allen Umständen zu vermeiden. Weiter unten gedenke ich die Frage selbständig für sich zu behandeln, ob die Befürchtung der Obdachlosigkeit für sich allein als Motiv der besonderen Mietsunterstützung anzuerkennen ist. Es sei daher hier nur bemerkt, daß trotz eines gleichen Bestrebens zur Abwendung der Obdachlosigkeit es sehr viele Städte giebt, welche dem Princip der Geldunterstützung folgen und bei dieser Praxis zu dem gleichen Ergebnis wie diejenigen Städte kommen, welche in bevormundender Weise die Fürsorge für die Erhaltung der Wohnungen der Armen selbst übernehmen. Es bedarf wohl ernster Erwägung, in welchem Maße der Furcht vor Obdachlosigkeit und dem Bestreben der Abwendung derselben Raum zu geben ist. Die nachfolgenden Zahlen mögen zeigen, wie scharf die Unterschiede der Mietsunterstützungen zu den Geldunterstützungen bei den Vertretern der einzelnen Systeme sind. Es werden nämlich gewährt Unterstützungen

			in Geld:	zur Miete:	an Naturalien:
Jena	mit	10 337 Einw.	800 Mk.	2 300 Mk.	3 000 Mk.
Baden-Baden	=	11 923 =	6 400 =	12 900 =	16 500 =
Cüstrin	=	14 212 =	18 000 =	1 600 =	—
Greiz	=	20 150 =	7 000 =	3 500 =	—
Eisenach	=	21 500 =	14 300 =	vacat	17 900 =
Hanau	=	25 059 =	3 500 =	14 000 =	7 000 =
Ulm	=	36 200 =	30 000 =	9 000 =	—
Halberstadt	=	36 501 =	39 100 =	11 000 =	8 000 =
Kaiserslautern	=	38 000 =	4 700 =	5 700 =	1 300 =
Bielefeld	=	39 942 =	28 000 =	11 800 =	—
Frankfurt a. O.	=	55 738 =	22 400 =	15 000 =	—
Potsdam	=	53 124 =	70 000 =	2 000 =	—
Wiesbaden	=	64 693 =	25 100 =	32 700 =	17 900 =
Augsburg	=	75 633 =	51 000 =	8 000 =	23 400 =

Stellt man nun die Summe der Geldunterstützungen und der Naturalunterstützungen den Mietsunterstützungen gegenüber, so sind in einer Stadt (Hanau) die Mietsunterstützungen höher wie die übrigen Unterstützungen. In den übrigen Städten übersteigen die letzteren Unterstützungsarten die Mietsunterstützungen jedoch in außerordentlich verschiedenem Maße; sie stehen nämlich im Verhältnis von

1½ : 1 in Jena, Frankfurt a. O., Wiesbaden,
2 : 1 in Baden-Baden, Greiz, Bielefeld,
3 : 1 in Ulm,
4 : 1 in Halberstadt,
9 : 1 Augsburg,
10 : 1 in Cüstrin,
35 : 1 in Potsdam.

In Kaiserslautern sind beide Arten der Unterstützungen ungefähr gleich. Die Einwohnerzahlen entsprechen der Volkszählung von 1890. — Die Armenunterstützungen sind aus den Etatsjahren 1893/94 entnommen. — Ein reicheres statistisches Material hat nicht geboten werden können, weil es leider an einer speciellen Armenstatistik, und zwar gerade über die Ausgaben für die hier fraglichen Arten der Unterstützung, meistens fehlt.

Mir ist es nicht möglich, eine innere Berechtigung für eine so große Verschiedenartigkeit anzuerkennen und neige ich der Auffassung zu, daß die Bevorzugung der Mietsunterstützungen überwiegend ihren Grund in der Tradition haben wird. Die Tradition kann sich nach verschiedenen Richtungen und lokalen Besonderheiten gebildet haben. In Fabrikstädten, in welchen die Zahl der Arbeiterbevölkerung vorübergehend oder dauernd stark wächst, kann Wohnungsmangel die Tradition gebildet haben; überwiegend dürfte aber wohl das Interesse des Hausbesitzers, der für den sicheren Eingang der Miete bedacht ist, die treibende Ursache für die Bildung einer solchen Tradition und für die Erhaltung derselben gewesen sein, resp. noch sein. Es bedarf in unsrem sachverständigen Kreise keiner Ausführung, daß der letzterwähnte bildende Faktor der Tradition vom Standpunkt der Armenverwaltung keine Berücksichtigung verdient. Im Gegenteil — ich meine, daß zur Wahrung des Ansehens und der Würde der ehrenamtlichen Armenpflegeorgane es geradezu notwendig ist, eine Gemeinschaft dieser mit den Interessen der Hauseigentümer zu perhorreszieren, damit nicht etwa die Meinung aufkommen könne, als ob der Hauseigentümer sich zum Schutz seiner Interessen nur hinter die ihnen nahestehenden Armenpfleger zu begeben habe, und daß es gewissermaßen ein berechtigter Lohn für die ehrenamtliche Thätigkeit wäre, mit der Wahrung der Interessen der Armen zugleich auch diejenigen des Grundbesitzes zu sichern. Ich vertrete die Meinung, daß z. B. ein gewissenhafter Armenpfleger, der gleichzeitig Hauseigentümer ist und im Verhältnis des Vermieters zu den Bezirksarmen steht — um diesen äußersten Fall zu wählen —, jeden Schein vermeiden wird und muß, als ob er seine Eigenschaft als Armenpfleger für sein persönliches Interesse ausnutze. Sieht man also von der Tradition ab und forscht nach sachlichen Gründen, so ergiebt sich, daß durchaus keine Notwendigkeit vorliegt, gerade die Mietsunterstützung zur Abwendung der Obdachlosigkeit anzuwenden. Ich möchte dies an einem typischen Beispiele nachzuweisen versuchen, indem ich die Verhältnisse von Frankfurt a. O. und Potsdam, zweier annähernd gleichgroßen und gleichartigen Städte gegenüberstelle. Während Frankfurt a. O. im Jahre 1893/94 22 400 Mk. Almosen und 15 000 Mk. Mietsunterstützung gewährte, hat die Potsdamer Armenverwaltung in demselben Jahre etwa 70 000 Mk. Almosen und höchstens 2000 Mk. in außerordentlicher Weise zur Deckung von Mietsschulden der Armen verwandt. Nach der Auskunft des Magistrats von Frankfurt a. O. wird den meisten in der Armenpflege befindlichen Personen neben der Mietsunterstützung auch noch wöchentliches Almosen bewilligt und hat dieses Verfahren wesentlich dazu beigetragen, daß Obdachlosigkeiten von Familien fast nie mehr eintreten. Frankfurt dürfte sich in einer Selbsttäuschung befinden und den Wert dieser Mietsunterstützung überschätzen. Es ist mir nicht bekannt, seit welchem Jahre nach jenem System dort unterstützt wird. Hat dasselbe schon vor dem Jahre 1890 gegolten, so ergiebt die Statistik über die Zahl der Obdachlosen in den einzelnen Städten aus dem Jahre 1890, daß Frankfurt sich damals durchaus nicht durch eine geringe Zahl von Fällen von Obdachlosigkeit ausgezeichnet hat. Ein Blick in die weiter unten folgende statistische Übersicht möge dem Leser genügen. Noch ungünstiger fällt für Frankfurt aber der Vergleich mit Potsdam aus, denn während in Frankfurt im Jahre 1890 9 Familien obdachlos gewesen sind, ist in Potsdam die Obdachlosigkeit sowohl im Jahre 1890, als auch nachdem nur ganz vereinzelt aufgetreten. Wenn nun Potsdam so wenig unter den Schwierigkeiten der Obdachlosigkeiten der Armen zu leiden gehabt hat, ohne daß dort, wie in Frankfurt, Mietsunterstützungen gewährt werden, so wird der Grund für diese Erscheinung wohl in etwas Anderem gefunden werden müssen. Dieser Grund ist aber leicht anzugeben. Offenbar werden in Potsdam die Unterstützungen in reichlicherem Maße als in Frankfurt gegeben und bin ich überzeugt, daß eine Verstärkung der Unterstützungen in Frankfurt und gar die Einführung des Systems der Ausschlußsätze Frankfurt in gleicher Weise vor der Gefahr des Auftretens häufiger Obdachlosigkeit der Armen wie die Anwendung der besonderen Mietsunterstützung bewahrt haben würde. Dabei bleibt noch zu erwägen und festzustellen, ob nicht in der That mit der Einführung der Mietsunterstützung die Ausgaben für die offene Armenpflege erhöht worden sind. Vergleiche wie dieser zwischen Frankfurt und Potsdam ließen sich ja nun mehrfach aufstellen, der oben aufgestellte dürfte aber typisch und besonders drastisch sein, da anzunehmen ist, daß die Zahl der Armen in beiden Städten annähernd die gleiche ist und dabei in Potsdam die Ausgaben der offenen Armenpflege etwa doppelt so hoch wie in Frankfurt sind.

Man könnte nun einwenden, daß das Princip der besonderen Mietsunterstützung auch in denjenigen Städten angewandt wird, in welchen sowohl das System der Ausschlußsätze besteht, als auch reichlich und vielleicht noch reichlicher, wie in Potsdam unterstützt wird und daher besondere Vorzüge zeigen müsse. Ich bezweifle jedoch die Richtigkeit dieser Auffassung, da die Erfahrung anderer Städte dagegen spricht, welche unter sonst gleichen Bedingungen die Mietsunterstützung nicht kennen und doch mit den Resultaten ihrer Armenverwaltung zufrieden sind. Und so dürfte bei den Armen=

Gewährung von Wohnungsmiete als Art der Armenunterstützung. 55

verwaltungen, welche besondere Mietsunterstützungen gewähren, wohl die Macht der Gewohnheit stärker sein, als sachliche Notwendigkeit. Auch hier bin ich in der Lage durch ein kräftiges Beispiel den Beweis für meine Annahme zu führen. Es ist kein geringerer Ort als Crefeld, das Wirkungsgebiet unseres verehrten Herrn Vorsitzenden. Der letztere hat die Armenordnung von Crefeld erst im vorigen Jahre revidiert und bei dieser Revision Veranlassung genommen, die Vorschriften über Mietsunterstützungen möglichst ausführlich zu geben. Es bestehen in Crefeld Normativsätze für Wohnungsmiete, welche von den Ausschlußsätzen in Abzug gebracht werden, sofern die Armenverwaltung es für angemessen befindet, die Miete für den Armen selbst zu zahlen. Nach der Mitteilung des Herrn Seyffarth wird von dieser Art der Mietsunterstützung ein sehr reichlicher Gebrauch gemacht. In welchem Maße aber in Crefeld die Armenunterstützungen bemessen werden, das lehren folgende Zahlen:

Etatsjahr:	Einwohnerzahl:	Bar- und Mietsunterstützungen:
1888/89	104 403	198 069 Mk.
1889/90	106 626	207 966 =
1890/91	105 518	215 372 =
1891/92	105 714	290 123 =
1892/93	105 427	323 465 =

Auf meine Frage, ob denn die Zahl derjenigen Armen, welche wirtschaftlich unselbständig oder unzuverlässig sind, eine große wäre, erhielt ich zur Antwort, daß fast alle dortigen Armen so beurteilt werden müßten und die Ausdehnung in der Gewährung der Mietsunterstützung nur von der Bereitwilligkeit und Arbeitskraft der Armenpfleger abhinge. Man ist dort aufs ängstlichste bemüht, unter keinen Umständen es zu einer Obdachlosigkeit der unterstützten Armen kommen zu lassen. Charakteristisch für die in dieser Richtung geübte Sorgfalt ist der Wortlaut des § 14 Absatz 2 der Dienstanweisung für die Bezirksvorsteher und Armenpfleger, den ich hier folgen lasse:

„Der Armenpfleger hat vier Wochen vor dem Umzugstermin die Unterstützten seines Quartiers einer strengen Kontrolle in betreff ihres Verbleibens zu unterziehen, damit Obdachlosigkeit möglichst vermieden werde. Beim Wohnungswechsel bleibt jeder Arme so lange der Fürsorge seines zeitigen Pflegers und Bezirks zugeteilt, bis er eine andere Wohnung wirklich angetreten hat. In Fällen, wo unterstützte Familien obdachlos werden und eine Wohnung in dem bisherigen Bezirke nicht ausfindig gemacht werden kann, ist es dem Armenpfleger gestattet, eine solche auch außerhalb seines Bezirks zu beschaffen und wenn nötig Mietsgarantie bis zu einem Vierteljahr zu übernehmen, wobei indessen, wenn irgend möglich, der Bezirksvorsteher oder Armenpfleger des betreffenden Quartiers zu Rate zu ziehen ist. In dem zu übergebenden Abhörbogen muß diese Verpflichtung ausdrücklich vermerkt sein."

Eine Erklärung für diese mir auffallend ungünstige Beurteilung der Charaktereigenschaften der Crefelder Weber- und Arbeiterbevölkerung giebt allerdings der Bericht der Armendeputation für die Zeit von 1888/89 bis 1892/93, worin Seite 8 nach einer Schilderung der Krisis, welche die dortige Industrie in jenen Jahren durchzumachen gehabt hat, sich der Satz findet, daß die Weber „sich nicht gerade durch weise Sparsamkeit" auszeichnen. Die dortige Armenverwaltung giebt also einer derartigen Schwäche der Armen nach und scheint es für erfolglos oder für zu schwierig zu halten, gegen eine derartige Gleichgültigkeit und Sorglosigkeit anzukämpfen. Ich halte diesen Standpunkt aber für unrichtig und wenn ich im gegebenen Falle mir auch nicht ein Urteil über die Ausführbarkeit meines gegnerischen Standpunkts für Crefeld erlauben darf, so muß ich doch nach der principiellen Seite denselben gerade Crefeld und somit anderen gleichartigen Städten gegenüber zum Ausdruck bringen.

Ihre höchsten Ziele hat die Armenpflege auf dem sittlichen und dem erzieherischen Gebiete. Hierhin will ich mich wenden, wenn ich den Satz verteidige, daß nur dem wirtschaftlich unselbständigen oder unzuverlässigen Armen besondere Mietsunterstützungen gewährt werden. Eine Abweichung von diesem Grundsatz bringt die große Gefahr, daß die Armen es verlernen, wirtschaftlich auf eignen Füßen zu stehen, und daß das Selbstbewußtsein des Armen, der noch sittlichen Halt hat, schwer geschädigt wird. Wenn wir von den Armen, die wegen Siechtum oder Alter Zeit ihres Lebens unterstützt werden müssen, absehen, so handelt es sich in der Armenpflege um Personen, welche nur vorübergehend der öffentlichen Unterstützung bedürfen, also durch die Armenpflege so gekräftigt werden müssen, um nicht wieder derselben zu verfallen. Dieser Zweck wird nach meiner Ansicht durch die Mietsunterstützung geschwächt oder gar verfehlt, da durch die Abnahme der im Haushalt des Arbeiters so wichtigen Fürsorge für die Beschaffung der Wohnung dieser einer Sorge enthoben wird, welche unter normalen Verhältnissen der Antrieb zur Arbeit ist. Bekanntlich ist im Haushalt des Arbeiters die Frau diejenige, welche im kleinen rechnen und sich beschränken muß, indem sie einen Teil des Abeitslohnes des Mannes mit der Aufgabe erhält, fast alle wirtschaftlichen Bedürfnisse der Familie zu bestreiten, bis auf die Beschaffung der Wohnung. Wenn nun dem Manne diese Sorge noch genommen wird, so ist er überhaupt eine wirtschaftliche Null in der Familie, da dann neben der Armenverwaltung auf der Frau allein die Aufgabe ruht, aus dem Almosen und etwaigem Nebenverdienst die Familie zu erhalten. Es sinkt dadurch das Ansehen des Mannes in der eignen Familie und wird derselbe zu leicht auf den Weg des Lasters geführt. Es ist keine Schande für den Mann, durch Arbeitslosigkeit, Krankheit und andere Not in Armut geraten und so zur Annahme öffentlicher Unterstützung genötigt zu sein, wohl aber ist es eine Schande für den Mann und muß es ihn seiner gesellschaftlichen Umgebung gegenüber erniedrigen, wenn ihm nicht die Fähigkeit zugetraut wird, seine Habe, und wenn sie auch nur aus Almosen besteht, selbst zu verwalten.

Was von dem arbeitsfähigen Manne gilt, das findet selbst auf die arbeitsunfähige alte Almosenempfängerin Anwendung, die es noch für eine Ehre hält, ihrem Wirt die Miete selbst zu bezahlen. Ich denke, daß meine Erfahrung auf diesem Gebiete, die mich so sprechen läßt, nicht vereinzelt dastehen wird. Man muß sich nur auf den engen Kreis der wirtschaftlichen Bedürfnisse des Arbeiterstandes einlassen, um zu erkennen, daß die Entwicklung wirtschaftlichen Sinns, die Bethätigung von Sparsamkeit, auch im kleinsten Haushalt, eine sittliche Kraft und wirtschaftliche Tugend erfordert.

Wir dürfen auch in diesem Zusammenhange nicht die Gefahr der kommunistischen Ideen vergessen, welche durch die Socialdemokratie in den Arbeiterkreisen großgezogen und gepflegt werden, und nach denen allerdings die Gemeinde dem wirtschaftlich Unfähigen (Armen) die Sorge für sein Wohl, die Unterhaltung der Familie g ä n z l i c h abzunehmen verpflichtet ist. Mit kommunistischen Lehren verträgt sich allerdings nicht der Satz, daß selbst in der Verwendung des Almosens eine wirtschaftliche Aufgabe liegt. Gerade in Fabrikstädten, in denen die Socialdemokratie am meisten verbreitet ist, lohnte es wohl des Schweißes der Edeln, auch auf dem Gebiete der Armenverwaltung gegen Unwirtschaftlichkeit, Mangel an Sparsamkeit, ein rohes gleichgültiges Genußleben bei der Arbeiterbevölkerung anzukämpfen, selbst auf die Gefahr hin, daß der Armenverwaltung selbst Schwierigkeiten erwachsen. Der Arbeiter, der nur aus Mangel an gutem Willen sich unfähig erweist das Geldalmosen zur Bestreitung der Wohnungsmiete zu verwenden, der ist es nicht wert, daß die Armenverwaltung dies für ihn thut und es dürfte wohl manchmal dienlicher für die Erziehung des Armen sein, ihn auch einmal das Los der Obdachlosigkeit kosten zu lassen, namentlich dann, wenn noch ein leidlicher Hausrat und Mobiliar vorhanden ist, wodurch der Arme sich beim Pfandleiher Geld verschaffen könnte. Wie geht es denn vielfach dem Arbeiter, der sich in schwerer Zeit der Arbeitslosigkeit o h n e Hilfe der Armenverwaltung s e l b s t hilft? Sein Stolz und seine Ehre sind wirtschaftliche Tugenden, unter anderem die Wahrung seines Kredits.

Ich möchte hier an ein Wort erinnern, das einst 1881 Lammers in der Abhandlung „Sparen und Versichern" (Volkswirtschaftl. Zeitfragen 1881) gesagt hat. „Wie einst im Anfange des Jahrhunderts der englische Demagoge Coblett, so konnte Lassalle gar nicht höhnisch genug von Ermahnungen an die Volksmassen zum Sparen sprechen; er empfahl den Arbeitern ihre Bedürfnisse zu vermehren. Sie sollten, um das sogenannte eherne Lohngesetz zu ihren Gunsten zu wenden, sich künstlich und gewaltsam eine höhere Lebensnotdurft e r s c h w e l g e n, unter die der Lohn dann nicht mehr sinken dürfe." Wenn es kein anderes Mittel mehr giebt, wirtschaftliche Untugenden zu bekämpfen, dann darf auch eine humane Armenverwaltung zu dem äußersten es kommen und den Armen — in wohlmeinender Absicht — die bitterste Not kosten lassen, denn Not lehrt nicht nur beten, sondern auch arbeiten.

Unter wirtschaftlich Unselbständigen und Unzuverlässigen verstehe ich nur diejenigen Menschen, welche körperlich und sittlich so gesunken sind, daß sie sich völlig gleichgültig in betreff der Erhaltung der Wohnung und der Zahlung der Miete zeigen. Zur Ehre des deutschen Volkes müssen wir annehmen, daß solche Verkommenheit nur eine Ausnahme ist und daher auch nicht die Grundlage für die Einrichtungen der öffentlichen Armenpflege sein kann.

B. **Anträge der laufend unterstützten Armen auf bare Unterstützung zur Tilgung von Mietsschulden sind in der Regel ablehnend zu bescheiden. Ausnahmen von dieser Regel sind nur zulässig, wenn die Armenunterstützung eine unzureichende gewesen ist und besondere Notzustände wie Krankenbett, Wochenbett, Arbeitslosigkeit u. s. w., welche während der Unterstützung eingetreten sind, eine stärkere Unterstützung gerechtfertigt haben würden.**

Diesen Grundsatz halte ich für den Prüfstein einer gesunden Armenpflege. Da es die Aufgabe der öffentlichen Armenpflege ist, dem Bedürftigen nur das zur Befriedigung der Notdurft Erforderliche zu gewähren, und von einer geordneten Armenverwaltung erwartet werden muß, daß sie dieses Bedürfnis des Armen in Geldwert oder Naturalien zu schätzen und zu berechnen weiß, und nach dieser Schätzung, die natürlich auch das Wohnungsbedürfnis des Armen umfaßt, die laufende Unterstützung gewährt, so ergiebt sich hieraus, daß Nachforderungen der Armen für Wohnungsmiete ausgeschlossen sein müssen. Diejenigen Armenverwaltungen, welche nach Ausschlußsätzen die Unterstützung bemessen und das Einkommen des Bedürftigen kennen, haben ihrer Verpflichtung gegen den Armen genügt, wenn sich gegen die Höhe und das Zureichende der Ausschlußsätze keine Einwände erheben lassen. Mit gutem Gewissen kann in solchen Armenverwaltungen der Armenpfleger der Forderung des Armen auf Gewährung einer Mietsbeihilfe ein „Nein" entgegensetzen, unbekümmert um die Folgen dieser Abweisung für den Armen. Schwierig können und müssen derartige Nachforderungen der Armen nur denjenigen Armenverwaltungen werden, welche — ich weiß keinen besseren Ausdruck — nach Gutdünken die Almosen bemessen. Solchen Verwaltungen bereiten jene Nachforderungen der Armen die Verlegenheit, daß sie keine Rechtfertigung für das Maß der gewährten Unterstützung haben. Humanität und Gewissenhaftigkeit müssen daher die Armenverwaltungen bestimmen, diesen Forderungen der Armen auf Mietsunterstützung nachzugeben. Wenn ich in diesem Zusammenhange eine weitere Diagnose für die Entstehung besonderer Mietsunterstützungen (Mietsbeihilfen u. s. w.) stellen darf, so vermute ich, daß die Häufung derartiger Nachforderungen der Armen, sowie die häufig eintretende Obdachlosigkeit der mit ihren Nachforderungen abgewiesenen Armen die Veranlassung zur Einführung der besonderen Mietsunterstützung gewesen sind. Theoretisch kann ich hier nur diejenigen Armenverwaltungen in Betracht ziehen, welche das System der Ausschlußsätze und damit die Garantie haben, daß sie berechtigten Ansprüchen der Armen gerecht geworden sind. Bei diesen Armenverwaltungen ist die Einhaltung der obigen Regel aber auch wieder eine Notwendigkeit, um die Ansprüche der Armen in Schranken zu halten und durch Gewöhnung diese zu nötigen mit der empfangenen Unterstützung hauszuhalten und auszukommen. Erfahrungsmäßig und erfreulicherweise haben solche Normalsätze auch die Wirkung bei den Armen, daß in ihren Kreisen sich sehr bald nicht nur die Thatsache der Einhaltung der Normalsätze, sondern auch die Einsicht von der Gerechtigkeit, die in diesem Princip liegt, Eingang verschafft. Wir finden danach in den Armenordnungen der in Frage kommenden Städte wie Köln,

Hamburg, Breslau und andern die Bestimmung, daß es niemals zulässig ist, Unterstützungen zur Deckung rückständiger Mieten zu bewilligen. Zu einer gleichen Bestimmung gelangen denn auch diejenigen Städte, welche besondere Mietsunterstützung gewähren, wie sich z. B. in der Armenordnung von Hanau der Satz findet (S. 4), daß die Deckung von Mietsrückständen so wie von sonstigen Schulden nicht Aufgabe der Armenpflege sei und die Bewilligung derselben demnach niemals beantragt (sic) werden dürfe.

Es kann nun wohl angezweifelt werden, wie weit dieser Grundsatz, insbesondere bei der Geltung von Ausschlußsätzen, sich durchführen läßt. In Zahlen läßt sich dieser Zweifel nicht zurückweisen, da leider eine solche Statistik wohl bei keiner Armenverwaltung geführt wird. Von Potsdam kann ich sagen, daß ein Betrag von höchstens 1000 Mk. zur Befriedigung derartiger Nachforderungen der Armen und zur Abwendung von Obdachlosigkeit verwendet wird.

Es ist ja auch bei der besten Armenpflege unvermeidlich, daß Irrtümer der Armenpflegeorgane bei der Abschätzung des Bedürfnisses der Armen vorkommen und daß Verschlechterungen in den Verhältnissen der Armen während der Unterstützungsperiode hier und da von einem Armenpfleger übersehen und nicht gewürdigt werden, aber immerhin sind solche Irrtümer und Versäumnisse der Armenpfleger selten und wird es jedem Leiter einer Armenverwaltung, die mit Ausschlußsätzen arbeitet, zur besonderen Befriedigung gereichen, daß Nachforderungen der Armen zur Miete in verschwindendem Maße in die Erscheinung treten.

C. **Anträge bisher nicht unterstützter Personen auf außerordentliche bare Unterstützung zur Tilgung von Mietsschulden sind mit großer Vorsicht zu behandeln und nur dann als ein Akt vorbeugender Armenpflege zur Berücksichtigung zu empfehlen, wenn**

a. **die Antragsteller zweifellos würdig sind,**

b. **ein außerordentlicher Notstand vorhergegangen ist, und**

c. **die Antragsteller zur ratenweisen Rückzahlung der Unterstützung sich verpflichten und zur Erfüllung dieser Verpflichtung von der Armenbehörde streng angehalten werden.**

An dieser Stelle ist das Bekenntnis wohl angebracht, daß Anträge auf Mietsunterstützungen obiger Art den Armenverwaltungen am unbequemsten sind und viel Kopfzerbrechen verursachen. Zum mindesten mag dieses Bekenntnis als das meinige gelten, ich habe vielfach, sowohl für mich allein wie in Gemeinschaft mit den Armenpflegeorganen auf Mittel und Wege gesonnen, jene Anträge, hinter denen sich so häufig die Simulation versteckt, richtig zu behandeln, um dem verschämten Armen nicht ungerecht und unmenschlich wehe zu thun, aber auch um nicht in die Falle zu gehen, welche der unverschämte Bettler so vielfach gerade einer humanen Armenverwaltung legt. Weil dieser Teil der Armenpflege kein Rechenexempel ist, deshalb läßt er sich auch nicht wie ein solches lösen, sondern muß eine

offene Frage bleiben, die ihrer Natur nach zur vorbeugenden Armen=
pflege gehört. Auf dieses Gebiet müssen derartige Anträge verwiesen werden,
weil sie — fast immer — als dringliche angebracht werden, so daß bei
der Unkenntnis der Armenpfleger über die persönlichen Verhältnisse des An=
tragstellers, der womöglich mit einem von dem Hauswirt gegen ihn ein=
geklagten gerichtlichen Zahlungsbefehl wegen der rückständigen Miete oder
mit einer Exmissionsklage des Vermieters sein Unterstützungsgesuch begleitet
und unterstützt, eine gründliche Untersuchung des Falles unmöglich, da=
mit aber auch die Gefahr der Täuschung gegeben ist. Mit dem Vertrauen
auf Menschenkenntnis kommt der Armenpfleger solchen Antragstellern gegen=
über auch nicht weit, da man zu häufig die Erfahrung macht, daß Thränen
und ehrliche Gesichter — auch durch Verstellung dem Auge entlockt und
erheuchelt werden können. Es heißt Unmögliches verlangen, dem Armen=
pfleger zuzumuten, daß er in jedem solchen Falle das Richtige trifft. Am
schwierigsten muß nach meiner Meinung die Lösung dieser Aufgabe in großen
Städten sein. Trotzdem muß man die Lösung dieser Frage anstreben,
um wenigstens einige Kautelen gegen Betrügereien unverschämter Bettler
zu gewinnen.

Eine starre Abweisung derartiger Anträge, wie sie vom principiellen
Standpunkte aus Cuno und Münsterberg befürworten, weil sie es nicht zu
den Aufgaben der Armenverwaltung zählen, Schulden von Armen zu
tilgen und den Mietsschulden kein Vorzugsrecht vor anderen Schulden geben,
kann ich nicht für richtig halten, da die Mietsschulden für die Armenver=
waltungen deshalb von besonderer Art sind, weil die Armenbehörden für
die Folgen, welche der Gläubiger der Armen durch die zwangsweise Durch=
führung seines Rechts in Form der Exmission herbeiführt, einzutreten haben.
Trotz dieser Haftbarkeit der politischen Gemeinde bin ich ein Anhänger der
Ansichten von Cuno und Münsterberg, indem auch ich nach Möglichkeit den
Standpunkt vertrete, daß Mietsschulden gleich anderen Schulden bei Armen
keine Berücksichtigung der Armenverwaltungen verdienen.

Mit verhältnismäßig großer Strenge wird man derartige Anträge in
großen Städten abweisen können. Nicht nur wegen der Durchströmung
der Arbeiterbevölkerung durch den vorübergehenden Durchzug fremder Ele=
mente sowie wegen des starken Wohnungswechsels in der Stadt selbst, son=
dern vorzüglich wohl deshalb, weil die Hauseigentümer in den großen
Städten erfahrungsmäßig strenger in der Hausordnung und somit auch in
der Beitreibung der Mieten und der Sicherstellung derselben sind. Diese
Strenge der Hauseigentümer muß nach meiner Meinung der öffentlichen
Armenpflege zu gute kommen, weil der Arme oder richtiger derjenige, welcher
sich als bedürftig der Armenbehörde gegenüber gerieren will, sich gewisser=
maßen zwischen zwei Feuern befindet: auf der einen Seite den strengen
Hauswirt und auf der andern den strengen Armenpfleger, und durch die
drohenden Mienen beider zur Selbsthilfe und äußersten Erschöpfung seines
eignen, wenn auch kleinen Kredits gezwungen wird.

Schwieriger liegen die Verhältnisse in mittelgroßen und kleineren Städten
deshalb, weil die Hauseigentümer leider einen zu weitgehenden Mietskredit
geben und ebenso bedauerlicherweise zu lange Fristen für die Zahlung der

Miete im Gebrauch sind. Es sei hier daran erinnert, daß in Städten wie Altona, Bockenheim, Düsseldorf, Gladbach, Neuß u. a. in vierteljährlichen und in Städten wie Bochum, Witten u. a. sogar in **halbjährlichen** Terminen die Mieten gezahlt zu werden pflegen. Mit der Länge der Miets= zahlungsperioden wächst die Höhe dieser Schuld und somit auch die Not des Mieters und in letzter Linie die Haftbarkeit der Armenbehörden.

Wenn ich in meinem obigen Grundsatze trotz principieller Bedenken ausnahmsweise die Berücksichtigung von Mietsschulden empfehle, so möchte ich diese Berücksichtigung doch natürlich auf das äußerste eingeschränkt sehen, wie dies ja auch in den meisten Städten geschieht, auf der andern Seite aber vor allen Dingen vermieden sehen, daß der **würdige** Arme hartherzig als ein Opfer eines Princips abgewiesen wird. Bei dieser Rücksicht leitet mich nicht etwa die bloße Furcht vor Obdachlosigkeit des Armen, auch nicht der armenrechtliche Standpunkt, den die oberste Spruchbehörde, das Bundes= amt für das Heimatwesen in den Entscheidungen (s. Entsch. Heft 16 S. 70, Heft 23 S. 120, Heft 19 S. 135) eingenommen und für berechtigt erklärt hat, indem hier Mietsschulden der Armen zu den Kosten der Armenpflege gerechnet werden, wenn durch Zahlung der Miete drohende Exmission und Obdachlosigkeit vom Hilfsbedürftigen abgewendet werden kann, oder es sich um die Auslösung des von dem Vermieter als Pfand zurückbehaltenen not= wendigen Hausgeräts handelt. Ich will hier nicht die gesetzlich notwendige, sondern die in das Belieben der Armenbehörde gestellte vorbeugende Armen= pflege allein gelten lassen.

In Städten, in denen eine reiche und wohlgeordnete Privatwohlthätig= keit und eine Organisation des Verhältnisses der öffentlichen zur privaten Armenpflege besteht, sind demnach derartige Unterstützungsanträge an die Privatwohlthätigkeit zu verweisen. Nur wo dies nicht möglich ist, darf die öffentliche Armenpflege eintreten. Als Richtschnur für ihr Handeln muß dann aber gelten, daß trotz aller Dringlichkeit des Antrages doch möglichst eingehend die Fragen untersucht werden, ob der Antragsteller würdig und ob ein außerordentlicher Notstand, wie Krankheit, Wochenbett, Arbeitslosig= keit u. s. w., vorhergegangen ist. Diese Untersuchung halte ich, selbst auf die Gefahr einer verlangsamten geschäftlichen Behandlung des Armenpflege= falls und auf den Eintritt der Exmission und Obdachlosigkeit für geboten. Bei der Prüfung des Notstandes darf ja nicht vergessen werden, daß ein gleicher Notstand von dem seiner Selbsthilfe vertrauenden arbeit= und spar= samen Arbeiter aus **eigner Kraft** überwunden werden kann und häufig überwunden wird, und daß somit eine Ungerechtigkeit gegen den ordentlichen Arbeiter begangen werden kann, wenn dem leichtsinnigen und verschwende= rischen Menschen aus gleichem Anlaß öffentliche Hilfe gewährt wird. Daher muß der bewußte Notstand schon in sehr **starkem** Maße (z. B. bei sehr großer Kinderzahl) vorhanden sein, um die Gewährung der Unterstützung verant= worten zu können.

Als ein sehr zweckmäßiges und sehr empfehlenswertes Korrelat solcher Unterstützungen habe ich seit kurzem in der einheimischen Verwaltung mit der Einrichtung einen Anfang gemacht, derartige Unterstützungen zur Tilgung von Mietsschulden (die ja in der Regel im Winter beantragt werden) nur gegen Schuldschein und der Bedingung der ratenweisen Abzahlung im nächsten Sommer zu verabfolgen. Obwohl der Kreis der Erfahrungen ein kleiner ist und die Aufgabe der Wiedereinziehung dieser Auslagen der Armenverwaltung keine geringe ist, kann ich doch sagen, daß unsere Armenverwaltung einige günstige Erfolge aufzuweisen und außerdem im ungünstigen Falle, wenn sie das Opfer des Betrugs und unverschämter Bettelei geworden war, den Vorteil hat, solche unwürdigen und unverschämten Bettler entlarvt zu haben. Derartige Personen werden bei uns in ein „schwarzes Buch" eingetragen mit der Wirkung, daß sie hiermit als unwürdig und verdächtig bezeichnet und bei wiederholten Unterstützungsanträgen nicht durch die Armenkommission, sondern nur durch die Armendirektion als oberste Instanz beschieden werden. Die Armenverwaltung von Hamburg läßt ausnahmsweise die Zahlung von Mietsschulden zu, jedoch nur mit der Einschränkung, daß der Vermieter von der Miete nachlassen und der Wert des Hausrats den Betrag der rückständigen Miete übersteigen muß.

Wenn es erreichbar ist, einen Nachlaß der Miete zu erzielen, und einen derartigen Versuch wird ja jede Armenverwaltung machen, so ist das ja eine wünschenswerte Beigabe, aber als Bedingung läßt nach meiner Meinung eine solche Forderung sich nicht aufrecht halten. Für ebenso schwierig halte ich die Befolgung der weiteren Bedingung bezüglich des Verhältnisses des Werts des Hausrats zum rückständigen Mietzins, da unter Umständen die Erhaltung der Wohnung für den Antragsteller auch trotz geringwertigen Hausrats nach ihrer Lage und Beschaffenheit von Wert sein kann.

Diese Bedingung scheint mir auch keine praktische Bedeutung zu haben, da Personen, welche einen so minderwertigen Hausrat haben, daß mit demselben nicht einmal die rückständige Miete getilgt werden kann, schwerlich so viel Vertrauen verdienen, daß man von ihnen die Rückzahlung der Unterstützung als eines Darlehens erwarten und sie zu den verschämten Armen zählen kann. Immerhin mag das in Hamburg aufgestellte Merkmal den Wert der Belehrung für die Armenpfleger haben, daß die Armenbehörde einem Aufgeben derartiger Wohnungen durch die Armen mit Gleichmut zusieht. Trifft eine schlechte Beschaffenheit der Wohnung mit einer Gleich- oder Minderwertigkeit des Hausrats im Verhältnis zum Mietzins zusammen, dann natürlich liegt keine Veranlassung zur Zahlung von Mietsschulden vor.

D. **Die alleinige Befürchtung des Eintritts der Obdachlosigkeit bei der Versagung der Unterstützung ist in beiden Fällen (Grundsatz B u. C) kein ausreichender Grund der Unterstützung.**

Es zieht sich wie ein roter Faden gerade durch diejenigen Armenordnungen, welche am ausführlichsten die Mietsunterstützungen behandeln, wie diejenigen von Köln und Crefeld, die Absicht, die Obdachlosigkeit der Armen unter allen Umständen zu vermeiden. Die Crefelder Armenordnung geht in dem citierten § 14 hierin am weitesten. Diese Bestimmung (des § 14) gereicht der Gesinnung eines humanen Arbeitgebers, sowie eines privaten Wohlthäters, aber auch der weitgehendsten Vorsicht und Umsicht des Leiters einer öffentlichen Armenpflege zur Ehre, kann aber doch nicht meinen unbedingten Beifall finden, weil sie mir nach den Aufgaben der öffentlichen Armenpflege, insbesondere bezüglich der Armenzucht zu weit zu gehen scheint, denn ich bin der Meinung, daß derartige Bestimmungen geeignet sind, in den Kreisen derjenigen Bevölkerung, mit welcher die Armenverwaltungen zu rechnen haben, ein zu großes Zutrauen zu letzteren zu erwecken und zu nähren und somit diese Bevölkerung in die Versuchung führen, weniger auf eigne Kraft zu bauen als auf die Hilfe der Gemeinde. Die Kölner Armenordnung, welche im § 33 auch bestimmt, daß in der Regel dahin gewirkt werden solle, daß das Wohnenbleiben durch Hergabe eines noch geringeren Satzes (d. h. weniger als $1/3$ des Ausschlußsatzes) vermittelt werde, verweist doch obdachlos gewordene, arbeitsfähige Personen oder Familien, welche nur aus arbeitsfähigen Personen bestehen, der Polizeibehörde und untersagt demgemäß die Gewährung von Mietsbeihilfen an dieselben. Ich kann — wenigstens bei der jetzigen Lage der preußischen Gesetzgebung im Hinblick auf das Gesetz vom Jahre 1894, betreffend die Beschränkung des Retentionsrechts des Vermieters — die Furcht vor der Obdachlosigkeit der Armen nicht in dem Maße teilen wie manche Armenbehörden, die die Obdachlosigkeit wie ein Gespenst glauben fürchten zu müssen. So lange — wenigstens in Preußen — das Retentionsrecht des Vermieters ein unbedingtes war und sich deshalb auch auf den unentbehrlichsten Hausrat, Kleidung u. s. w. erstreckte, war jene Furcht allerdings begründet, da man es doch geradezu ungeheuerlich nennen muß, daß vordem in Preußen ein Mensch wegen Mietsschulden zum Sklaven des Vermieters wurde.

Damals bestand für die Armenbehörden fast allgemein die Notwendigkeit, den verschuldeten armen Mieter aus den Mietsfesseln durch Zahlung der Miete zu befreien, um ihm nicht nur Obdach, sondern auch den unentbehrlichsten Hausrat für sich und die Seinigen zu retten. Es hat demnach auch das Bundesamt für das Heimatswesen (siehe Entsch. Heft 23 S. 120) mit Recht die Zahlung von Mietsschulden, welche zur Auslösung des Hausrats 2c. notwendig war, als erstattungsfähige Armenlast anerkannt. Zum Glück ist der neuere Rechtsstandpunkt Preußens vom Jahre 1900 ab auch derjenige des Deutschen Reichs, da nach § 559 des bürgerlichen Gesetzbuches das Pfandrecht des Vermieters sich nicht auf die der Pfändung nicht unterworfenen Sachen erstreckt. Nachdem die Armen und mit ihnen die Armenverwaltungen von dem Alp, der in dem früheren Retentionsrecht des Vermieters lag, befreit worden sind, können die Armenbehörden mit viel größerer Ruhe und mit ziemlichem Gleichmut den Folgen entgegensehen, welche die Nichtzahlung der Mietsschulden für den Bedürftigen herbeiführt, denn es ist bei dieser Gesundung des Mietsrechts darauf zu rechnen, daß selbst der Bedürftigste seinen Kredit aufs äußerste anstrengen wird, um nicht dem doch auch für ihn lästigen Wohnungswechsel oder gar der schrecklichen Obdachlosigkeit ausgesetzt zu sein. Die Armenbehörden aber wiederum haben jetzt freiere Hand gegenüber den Anträgen auf Mietsunterstützungen, weil sie die Obdachlosigkeit des Armen in der Verbindung mit der Entblößung von dem unentbehrlichsten Hausrat nicht mehr zu befürchten haben und daher mit gutem Gewissen Anträge auf Zahlung von Mietsschulden abweisen können, so lange noch pfändbare Objekte bei dem Mieter vorhanden sind. Wenn die Armenbehörde also nicht sicher in der Beurteilung der Würdigkeit des Hilfesuchenden ist, so ist es für sie leicht, die Mietsunterstützung zu untersagen.

Es ist aber nicht nur aus dem natürlichen Bedürfnis des Menschen zur Wahrung seines Obdachs, sondern auch aus dem umfangreichen statistischen Material, das Lange für das Jahr 1890 (S. 310 ff.) in dankenswerter Weise beigebracht hat, zu entnehmen, daß die Obdachlosigkeit der Armen im allgemeinen einen bedrohlichen Umfang nicht angenommen hat. Ich lasse auszugsweise nachstehende Zahlen und Angaben folgen:

Stadt:	Einwohnerzahl:	Zahl der Obdachlosen:	Ursache der Obdachlosigkeit:
Altenessen	20 911	20 Personen	Wohnungsmangel u. Krankheit.
Barmen	116 248	35 Familien 4 Personen	Trunksucht (20), Kinderzahl (4), Versunkenheit (11).
Bielefeld	39 950	63 Familien	
Bochum	47 618		Trunksucht und Müßiggang.
Bockenheim	18 695	7 =	Trunksucht, bösliche Verlassung, Wohnungsmangel.
Brieg	20 154	21 Personen	Trunksucht und Müßigang.
Bromberg	41 399	27 =	Wohnungsmangel.
Cassel	74 000	26 Familien	do.
Crefeld	105 371	47 Personen	NB. Familien sind hier seit mehreren Jahren mit vereinzelten Ausnahmen nicht mehr obdachlos geworden infolge der vorbeugenden Fürsorge der Armenpflege.
Coblenz	32 941	2 Familien	
Charlottenburg	76 873	33 =	Wohnungsmangel, Trunksucht, Müßiggang u. a. m.
Cüstrin	16 460	10 =	Trunksucht, Müßiggang, Kinderzahl.
Duisburg	58 148	17 =	
Düsseldorf	146 954	„nicht übermäßig groß"	
Düren	21 263	2 Familien	
Dortmund	89 592	19 =	Trunksucht, Müßiggang, Kinderzahl, Mietsschulden.
Elberfeld	125 899	136 Personen	Verkommenheit und Armut.
Erfurt	70 265	15 =	
Forst	23 460	20 =	Wohnungsmangel, Trunksucht, Müßiggang.
Frankfurt a. O.	55 738	9 Familien	
Göttingen	24 000	18 Personen	Trunksucht und Unfriedfertigkeit.
Hamm	24 290	2 Familien	
Hannover	175 700	100 Personen	vorherrschend Wohnungsmangel.
Halle	100 348	15 Familien	Trunksucht, Müßiggang u. a. m.
Hanau	25 059	6 =	Wohnungsmangel u. a. m.
Harburg	34 835	6 =	Trunksucht, Müßiggang u. a. a.
Iserlohn	22 200	„selten auftretend"	
Köln	280 400	112 Personen	
Königsberg	161 666	„Familien werden selten obdachlos"	
Liegnitz	46 814	1 Familie	
Magdeburg	202 234	171 Personen	Wohnungsmangel u. a. m.
Schweidnitz	24 820	4 =	
Schwelm	13 534	3 Familien	
Witten	26 300	7 =	Wohnungsmangel, Trunksucht u. a. m.

Die hier aufgeführten Obdachlosen waren zum Teil Almosenempfänger, zum Teil noch nicht unterstützt. Die Obdachlosen, welche das Kontingent der Verpflegungsstationen bilden, sind — so weit die Auskunft der Städte darauf hinwies — unberücksichtigt gelassen.

Aus dieser Zusammenstellung ergiebt sich, daß nicht nur im allgemeinen die Obdachlosigkeit in geringem Maße aufgetreten ist, sondern auch die gleich wichtige Thatsache, daß, als die Gründe der Obdachlosigkeit Trunksucht, Müßiggang und Lüderlichkeit der Armen gewesen sind; und ferner, daß in denjenigen Städten die Obdachlosigkeit am stärksten sich gezeigt hat, in denen ein Wohnungsmangel anerkannt werden mußte. Die so durch die Schwächen und Laster der Menschen so wie durch Wohnungsmangel herbeigeführte Obdachlosigkeit wird ein ewiges Anhängsel in den Aufgaben der Armenbehörden sein. Die Bekämpfung dieser sittlichen Schäden und lokalen Mängel hat aber im Grunde durch andere Mittel, als durch Gewährung von Mietsunterstützungen zu erfolgen, nämlich durch Armenzucht und durch Förderung gemeinnütziger Bauthätigkeit. Die letzteren Aufgaben der Armenbehörden scheiden im Rahmen meiner Betrachtungen aus, da sie zu bedeutungsvoll sind, um nebensächlich abgehandelt zu werden. Aus jenen statistischen Erhebungen, die mich durch ihre günstigen Zahlen geradezu überrascht haben, kann man mit um so größerem Recht auf die Selbsthilfe und das Selbstbewußtsein des Unbemittelten in der Fürsorge für die Wohnung bauen, als jene Zahlen unterschiedslos sowohl diejenigen Städte umfassen, welche besondere Mietsunterstützungen (vergl. Grundsatz A) gewähren, als auch solche Städte umfassen, welche die Geldunterstützung als Regel befolgen und nur ausnahmsweise Mietsbeihilfen zahlen.

E. **Die Zahlung älterer Mietsrückstände als für die laufende Mietszahlungsperiode ist unzulässig.**

Dieser Satz klingt so selbstverständlich, daß es der in demselben enthaltenen Mahnung an die Armenbehörden gar nicht zu bedürfen scheint und dennoch lehrt die Praxis, daß immer von neuem Anträge auf Beihilfen zur Deckung älterer Mietsschulden eingehen und daß es nicht immer ganz unbedenklich und mit Härte verbunden ist, derartige Anträge abzuweisen. Bei unterstützten Personen dürften solche Anträge zwar nicht vorkommen, wohl aber sind sie bei bisher **nicht** unterstützten zu gewärtigen. Die Armenbehörden mögen in ihrem Pflichteifer den Hauseigentümern noch so sehr Eigennutz zutrauen, so ist es doch häufig auch große Gutmütigkeit und Menschenfreundlichkeit der letzteren, wenn sie den unbemittelten Mietern längeren Mietskredit geben, als den Mietern selbst nützlich ist. Namentlich Mietern gegenüber, die schon jahrelang dieselbe Wohnung inne haben, bringt der Hauswirt Wohlwollen entgegen, wenn er mit eignen Augen sieht, wie Krankheit, Arbeitslosigkeit und ein stets wachsender Kindersegen dem braven Familienvater die Erschwingung der Miete so gut wie unmöglich machen. Bewegliche Schilderungen von solch außerordentlichen Beschwernissen der Familie sind sehr häufig die Begründung von Mietsunterstützungsgesuchen. In gleicher Weise wäre man auch manchmal geneigt, Gesuche von Saisonarbeitern zu berücksichtigen, wenn der Winter zu lang und streng gewesen und mit ihm die Arbeit lange ausgeblieben ist. Dennoch darf man solchen Gesuchen, so begründet sie erscheinen mögen, nicht nachgeben, weil der Hauseigentümer nur auf seine Gefahr, nicht aber auf Kosten der Armenverwaltung in wohlthätiger Absicht die Miete über Gebühr lange kreditieren darf. Auch nur einmalige Zugeständnisse der Armenbehörden fördern eine Vermehrung von Gesuchen und bringen die Armenpflegeorgane leicht in den Verdacht der Begünstigung einzelner Hausbesitzer. In Städten, in welchen wenige oder gar keine Fabriken bestehen, sind die Saisonarbeiter: Maurer, Zimmerer und auch Tagelöhner, genötigt, von dem Verdienst des Sommers für den Winter zu sparen. In diesen Städten schleicht sich daher die Sitte ein, daß die Miete für das Winterhalbjahr erst im Frühjahr und Sommer des nächsten Jahres abgezahlt wird. Ein längeres Kreditieren der Miete ist hier also üblich und durch die Arbeitsverhältnisse leider geboten, aber trotzdem thut die Armenverwaltung gut, dieser Sitte nicht auch noch Vorschub zu leisten, da die gesunde Grundlage dieses Kreditierens, das auf persönlicher Kenntnis des Mieters beruhende Vertrauen des Vermieters, verschoben werden würde. Ein ordentlicher Arbeiter versetzt lieber die ihm entbehrlichen Sachen, um nur den Kredit bei seinem Hauswirt nicht zu verlieren, als daß er bittend an die Armenverwaltung heranträte.

F. **Als vorbeugende Maßregeln zur Verhütung drückender Mietsschulden sind kurze Fristen für die Zahlung des Mietszinses sowie die Vorausbezahlung desselben und außerdem bei unterstützten Familien und einzelstehenden Personen die Kontrolle der Mietsquittungsbücher durch die Armenpfleger geeignet.**

Wenn irgendwo, so ist es gerade bei diesem Teile der Armenpflege dringend erforderlich, daß Staat und Gemeinde durch Gesetzgebung und Verwaltung vorbeugend gegen die Mietsnot wirken, denn es handelt sich darum den wirtschaftlich Schwachen an Ordnung zu gewöhnen und in der Selbsthilfe zu erziehen und ferner den würdigen Armen, der unverschuldet an der äußersten Grenze seiner Leistungsfähigkeit und seines Kredits angekommen ist, vor wirtschaftlichem und sittlichem Ruin zu bewahren. Je besser die örtliche Armenpflege ist, desto seltener werden die Gesuche um Mietsunterstützung sein. Von vorzüglicher Wirkung sind namentlich diejenigen Wohlfahrtseinrichtungen, durch welche der Unbemittelte zu regelrechter Zahlung der Miete und zu Mietsersparnissen angeleitet wird. Hierher gehören Mietssparkassen und gemeinnützige Bauvereine, die mit der Verwaltung der Häuser zugleich armenpflegerisch thätig sind und durch ihre Organe nicht nur auf Ordnung, Zucht und Reinlichkeit der Bewohner, sondern auch auf pünktliche Mietszahlung und rechtzeitige Unterstützung wirklich Bedürftiger achten und hinwirken. Mustergültig in dieser Richtung scheint mir die Thätigkeit des Allgemeinen Vereins gegen Verarmung und Bettelei in Darmstadt zu sein, auf welche schon Kalle („Die Wohnungsfrage vom Standpunkt der Armenpflege" in unseren Vereinsschriften aus dem Jahre 1888 S. 90) aufmerksam gemacht hat. Nach der neuesten Auskunft des dortigen Magistrats bestehen solche Einrichtungen neben einem neuen Bauverein für Arbeiterwohnungen auch heute noch fort. In 4 Häusern wird hier 30 Familien Obdach gewährt und durch armenpflegerische Mitwirkung nicht nur auf pünktliche Mietszahlung in wöchentlichen Fristen, sondern auch auf das Wohl der Bewohner geachtet. Ähnliche Einrichtungen sind in Leipzig u. a. O. vorhanden.

Da ich mich in dieser Abhandlung auf die Grenzen der gesetzlichen Armenpflege beschränke, so will ich aus den kurz erwähnten Wohlfahrtseinrichtungen nur dasjenige entnehmen, was auch für die gesetzliche Armenpflege von Bedeutung und Nutzen ist.

Wie von jenen Vereinen in der Hauptsache dadurch auf die Führung eines geordneten Haushalts der Unbemittelten hingewirkt wird, daß in kurzen — am besten wöchentlichen — Fristen der Mietzins eingezogen wird, so haben Staat und Gemeinde in der gleichen Richtung zu arbeiten, um eine wirtschaftliche Überlastung bei den sog. kleinen Leuten zu verhüten. Eine solche Überlastung finde ich schon in vierteljährlichen, vollends in halbjährlichen Mietszahlungsfristen. Welche Ursachen diese Gebräuche auch haben mögen, es ist das eigenste Interesse der Armenverwaltungen und sogar ihre Pflicht, nach Möglichkeit auf die Abstellung dieser Mängel hinzuarbeiten. In erklärlicher Weise werden die gesetzlichen Bestimmungen über die Kündigungsfristen bei Mietsverträgen (z. B. A.L.R. T. I tit. 21 § 344) sowie diejenigen über die Mietszahlungstermine (A.L.R. a. a. O. § 297) auf die Gewohnheiten eingewirkt haben, indem die gesetzliche Regel — der vierteljährlichen Mietszahlung — angenommen ist, ohne von der Berechtigung der Verabredung längerer Zahlungsfristen Gebrauch zu machen. Das bürgerliche Gesetzbuch enthält in § 551 eine gleiche Bestimmung. Abschnitt 2 lautet:

„Der Mietzins für ein Grundstück ist, sofern er nicht nach längeren Zeitabschnitten bemessen ist, nach dem Ablauf je eines Kalendervierteljahres am ersten Werktage des folgenden Monats zu entrichten."

Es kommt also darauf an, die Hauseigentümer, welche kleine Wohnungen vermieten, zur Verabredung kürzerer Zahlungstermine, und zwar mindestens monatlicher Termine, zu bestimmen.

Erfreulicherweise unterstützt in Preußen das Gesetz von 1894 solche Bestrebungen, da die Beschränkung des Retentionsrechts des Vermieters diesen im eigenen Interesse dazu geführt hat, mehr und mehr die Vorausbezahlung der Miete auszubedingen, und hieraus wieder zur Erleichterung des zahlungspflichtigen Mieters die Abmachung kürzerer — häufig schon monatlicher — Zahlungsfristen zu verabreden.

Es kann und wird den Armenverwaltungen daher nicht schwer werden, dieser Bewegung im Mietsleben zu folgen und durch öffentliche Aufrufe wie durch persönliche Einwirkung der Armenpfleger, sowie insbesondere durch die Versagung von Mietsunterstützungen für längere Zeit als einen Monat die Hauseigentümer zur allgemeinen Einführung so kurzer Zahlungstermine zu bestimmen.

Um die unterstützten Armen zur pünktlichen Zahlung der Miete anzuhalten, ist es praktisch, die Armen zur Führung von Mietsquittungsbüchern zu nötigen und den Armenpflegern es zur Pflicht zu machen, bei der Auszahlung der baren Unterstützungen diese Bücher bei den Armen einzusehen, um sich zu überzeugen, ob die Mieten pünktlich gezahlt sind.

5*

Die Freunde der besonderen Mietsunterstützung mögen nun hierbei wohl meinen, daß eine solche Kontrolle der direkten Mietszahlung durch die Armenverwaltung recht ähnlich sehe oder gar mit derselben identisch sei. Dem ist aber zu widersprechen, weil bei der Kontrolle der Armenpfleger nur die geringe Mühe der Einsicht der Quittungsbücher zu tragen hat, während er bei der Zahlung zwei Empfänger (den Armen, dem er das Almosen und den Hauswirt, dem er die Miete zu zahlen hat) zu befriedigen und aufzusuchen und zudem noch die Mühe der eigenen Aufbewahrung der Quittungsbücher hat. Wenn die Armenverwaltungen, welche besondere Mietsunterstützungen haben, sich dadurch die Arbeit der Mietszahlung erleichtern wollen, daß sie diese in möglichst langen Terminen, womöglich nur halbjährlich zahlen, so ist hiergegen einzuwenden, daß ein solcher Modus nur bei solchen Armen zulässig sein dürfte, die voraussichtlich mindestens ein halbes Jahr unterstützt werden. Einer solchen Präsumtion widerspricht aber wieder das Princip des Elberfelder Systems die Unterstützungen stets auf möglichst kurze Perioden von zwei Wochen oder gar nur für eine Woche, zu bewilligen, um Veränderungen in den Einkommensverhältnissen der Armen bei der Abmessung der Unterstützungen berücksichtigen zu können und den Unterstützten durch Unterstützungen für längere Dauer nicht zum Müßiggange und Mißbrauch der öffentlichen Armenpflege zu verleiten.

Die Kontrolle hat aber vor der Mietszahlung vor allen Dingen den großen sittlichen Vorteil voraus, daß der Arme trotz der Unterstützung, die in der Regel doch auch nur sein Einkommen ergänzt, nicht aber sein einziges Einkommen ist, sein eigner Haushalter, auch dem Hauswirt gegenüber bleibt, und in der Berechtigung zur eignen Verwaltung auch des Almosens die Achtung und das Vertrauen erkennen wird, welches ihm bei dieser Art der Unterstützung durch die Armenbehörde entgegengebracht wird. Es ist hierbei auch zu bedenken, daß in einer guten Armenverwaltung nach Elberfelder System der gute Armenpfleger im besten Sinne der Vertraute und Berater des Armen ist, dem der Arme nicht etwa nur vertraut, um möglichst hohe Unterstützungen zu erlangen, sondern vielmehr das reine Vertrauen entgegenbringt, daß der Pfleger sein Berater in der Not sein werde. Die Pflegschaft des Armenpflegers darf dem würdigen, ordentlichen und strebsamen Armen gegenüber nicht zu einer polizeilichen Bevormundung werden, die dem Armen die Fähigkeit und Lust zur freien Bewegung nimmt. Es kann unter dieser Voraussetzung für den Armen keine Ehrverletzung sein, wenn er dem Armenpfleger sein Quittungsbuch vorlegen muß. Allerdings bin ich der Meinung, daß diese Kontrolle nicht eine allgemeine Schablone werden darf und daß der Armenpfleger denjenigen Armen gegenüber, denen er das Vertrauen schenken kann, von der Kontrolle keinen Gebrauch macht. Eine individuelle Anpassung dieser Art der Armenzucht ist auf der einen Seite geeignet, die Armenverwaltungen vor zu großen Ausgaben zu schützen, auf der anderen Seite aber von dem erziehlichen Segen, daß das Ehrgefühl geschont und gepflegt wird. Sittliche Menschenwürde wollen wir auch dem in tiefster Not befindlichen Armen lassen und zu erhalten suchen, denn es ist die Kraft, die ihn fähig hält, sein Leben zu ertragen.

Printed by Libri Plureos GmbH
in Hamburg, Germany